CORRESPONDENTE DE GUERRA

Os perigos
da profissão
que se tornou alvo
de terroristas
e exércitos

Proibida a reprodução total ou parcial em qualquer
mídia sem a autorização escrita da Editora.
Os infratores estão sujeitos às penas da lei.

A Editora não é responsável pelo conteúdo da Obra,
com o qual não necessariamente concorda.
Os Autores conhecem os fatos narrados,
pelos quais são responsáveis, assim como
se responsabilizam pelos juízos emitidos.

Consulte nosso catálogo completo e últimos lançamentos
em **www.editoracontexto.com.br**.

Diogo Schelp e *André Liohn*

CORRESPONDENTE DE GUERRA

Os perigos
da profissão
que se tornou alvo
de terroristas
e exércitos

Copyright © 2016 dos Autores

Todos os direitos desta edição reservados à
Editora Contexto (Editora Pinsky Ltda.)

Fotos de capa e quarta capa
André Liohn

Montagem de capa e diagramação
Gustavo S. Vilas Boas

Preparação de textos
Lilian Aquino

Revisão
Mariana Carvalho Teixeira

Dados Internacionais de Catalogação na Publicação (CIP)
Angélica Ilacqua CRB-8/7057

Schelp, Diogo
Correspondente de guerra : os perigos da profissão que
se tornou alvo de terroristas e exércitos / Diogo Schelp,
André Liohn. – São Paulo : Contexto, 2016.
240 p. : il., color.

Bibliografia
ISBN: 978-85-7244-955-7

1. Correspondentes de guerra 2. Jornalistas – Brasil –
Biografia I. Título II. Liohn, André

16-0231	CDD 920.5

Índice para catálogo sistemático:
1. Jornalistas – Brasil – Biografia

2016

EDITORA CONTEXTO
Diretor editorial: *Jaime Pinsky*

Rua Dr. José Elias, 520 – Alto da Lapa
05083-030 – São Paulo – SP
PABX: (11) 3832 5838
contexto@editoracontexto.com.br
www.editoracontexto.com.br

Para Giuliana, Valentina e Antônio, que me dão prudência
Diogo Schelp

Para meus amados filhos, Lyah e Anton
André Liohn

Sumário

Prefácio   9

PARTE 1
Os jornalistas e as guerras • Diogo Schelp
Cargas de cavalaria, trincheiras e telégrafo   17
Kalashnikovs, sequestros e *smartphones*   45
Katyushas, prisões e camisas da Seleção   75

PARTE 2
Um fotógrafo e as guerras • André Liohn
De Botucatu a Zurique   113
De Aarau a Trondheim   137
De Mogadishu a Bengasi   161
De Misurata a São Paulo   183

Bibliografia   205

Os autores   207

Marcas de guerra   208

Prefácio

Não havia muito a fazer em Botucatu na primeira metade da década de 1990. O maior evento da cidade do interior do estado de São Paulo, então com menos de cem mil habitantes, havia sido uma "grande" manifestação pelo *impeachment* do presidente Fernando Collor que encheu de gente de preto a rua principal, a Amando de Barros, e desembocou na concha acústica da Praça Paratodos, onde eu li um manifesto contra a corrupção e toquei guitarra em um show precário da minha banda pop de adolescentes. Ainda mais desagradável aos ouvidos dos manifestantes ali reunidos foi a apresentação de um grupo de *heavy metal* montado às pressas para a ocasião. O vocalista pontuava a gritaria de suas músicas com ofensas à plateia. O baixista era um magricela de cabelos loiros e compridos que, não se sabe se de propósito ou por incompetência, batia nas cordas do instrumento, alheio ao ritmo ditado pela bateria. Os jornais da capital e os canais de TV nacionais, já tomados por imagens dos protestos nas grandes cidades, ignoraram a manifestação de Botucatu.

Dois anos depois, num sábado de 1994, o tal baixista cabeludo me encontrou caminhando na rua. "Aonde você vai?". "Vou ao Anglo. Vai ter uma palestra do Plínio Marcos", respondi. "Vou junto", disse ele. Eu fazia cursinho para o vestibular. A palestra do dramaturgo paulista foi uma das raras oportunidades que o Anglo ofereceu aos alunos para ouvir alguém de fora da cidade falar sobre vocação, arte ou qualquer assunto do mundo externo à nossa bolha interiorana. Eu encontrava o baixista cabeludo frequentemente, pela rua ou pelos bares. Tínhamos amigos em comum e às vezes conversávamos. Eu fazia teatro e ele também, em outro grupo. Ele devia estar à procura de algo para matar o tédio quando topou comigo a caminho da palestra.

Plínio Marcos fez uma apresentação bem ao estilo de sua obra marginal. Entre outras coisas, falou longamente sobre a quantidade de fezes humanas que uma metrópole como São Paulo produz, citando números em toneladas e descrevendo o percurso em quilômetros percorrido pelo esgoto. O baixista cabeludo adorou. Fez perguntas e no final foi conversar com o autor de *Dois perdidos numa noite suja*. Eu só ria e me maravilhava com a habilidade de Plínio Marcos para transformar a peripécia de um cocô, desde a formação no intestino de um homem até ser despejado num rio, em uma história instigante e cheia de indagações filosóficas.

Passaram-se 20 anos. Numa tarde de agosto de 2014, atravessei a redação da revista *Veja* para pedir a Alexandre Reche, coordenador de fotografia, indicação de profissionais brasileiros especializados em retratar guerras. Havíamos acabado de enviar o editor Duda Teixeira para o Iraque, onde o exército terrorista Estado Islâmico do Iraque e da Síria ganhava territórios ao longo dos rios Tigre e Eufrates e dava início à matança de yazidis e outros integrantes de grupos religiosos e étnicos. Duda montou um roteiro cuidadoso, que lhe permitiu cobrir os efeitos do conflito sem se expor ao perigo. Mas é evidente que me preocupei quando, no mesmo período em que ele estava no Oriente Médio, os terroristas do Estado Islâmico começaram a decapitar jornalistas e outros reféns estrangeiros na Síria. Já vinha de anos, desde a decapitação de Daniel Pearl, repórter do jornal americano *Wall Street Journal*, por um grupo fundamentalista islâmico, no Paquistão, em 2002, a certeza de que a aspiração à neutralidade não garantia mais a segurança dos jornalistas em zonas de conflito. Repórteres e fotógrafos de qualquer nacionalidade eram, a partir daquele momento, alvos preferenciais.

A cruel execução dos jornalistas americanos James Foley e Steven Sotloff pelos terroristas do Estado Islâmico me fez pensar mais a fundo nos perigos enfrentados por quem se dedica a testemunhar e a divulgar o que acontece na linha de frente e nas franjas de uma guerra. Por que os conflitos do século XXI são mais hostis ao trabalho da imprensa? Como a internet e os celulares mudaram a maneira como os fatos – e as versões dos fatos – da guerra chegam ao conhecimento do público? O que faz alguém deixar o conforto do seu lar, viajar para um país distante e enfiar-se em meio a uma luta que não é a sua, nem de seu povo, apenas para contar uma história?

Eu queria conversar com fotógrafos brasileiros com experiência em coberturas de guerra para buscar respostas a essas perguntas, e também para ampliar as opções de profissionais que pudessem fazer dupla comigo ou com membros de minha equipe em reportagens mundo afora. Quando lhe pedi sugestões, Alexandre falou em Maurício Lima, que eu já conhecia, e em André Liohn, que dois anos antes ganhara o principal prêmio de fotografia de guerra do mundo, a Robert Capa Gold Medal. Aos 40 anos, André já tinha projeção internacional e era bem conhecido no Brasil. Foi por patetice ou desatenção minha que eu nunca ouvira falar nele. Entrei no site indicado por Alexandre para ver as fotos feitas por André e, ao me deparar com o retrato no seu perfil, fiquei encafifado. Eu conhecia aquela fisionomia de algum lugar. Li que ele era natural de Botucatu, mas ainda assim não conseguia ligar a pessoa às minhas memórias da adolescência. Só depois de convidá-lo para visitar a redação e de conversarmos por meia hora, estabelecemos a primeira lembrança em comum: "Não foi você quem me levou a uma palestra do Plínio Marcos no Anglo?", perguntou André, lembrando em seguida de que, naquele tempo, ambos tínhamos cabelo comprido. Melhor dizendo, ambos tínhamos cabelo.

A coincidência do reencontro soou como uma ordem do destino. Se eu fosse pensar, estudar e escrever sobre os desafios da busca da verdade nos lugares mais perigosos do mundo, teria que fazê-lo em parceria com o ex-baixista cabeludo de Botucatu.

O resultado é este livro, dividido em três partes. Na primeira, tento responder a duas questões que me motivaram a agarrar esse tema. Por que a atuação dos correspondentes de guerra é mais arriscada hoje do que jamais foi ao longo da história? Como as novas tecnologias afetam as notícias sobre os conflitos? Dessas perguntas derivam outras duas: A profusão de imagens de situações violentas e de relatos escabrosos deixou os leitores e telespectadores indiferentes à dor e à injustiça sofridas por moradores de países remotos? Qual é a atuação de jornalistas brasileiros e estrangeiros diante desses desafios? Para a segunda parte desta obra, André concedeu-me um depoimento com detalhes de sua experiência em zonas de conflito que iluminam algumas das questões anteriores e ajudam a responder o que faz alguém como ele se meter na linha de frente. Para entender suas motivações foi preciso reconstituir o contexto e os principais episódios de sua infância e juventude no interior de São Paulo, além de sua trajetória pessoal na Europa antes de descobrir a fotografia. A terceira parte é uma seleção das melhores fotos de guerra e de desastres humanitários produzidas por André. As imagens confirmam uma mensagem que permeia toda a obra: a de que, assim como não há glamour na guerra, também não o há no ofício de documentá-la.

No meu primeiro livro, *No teto do mundo*, em coautoria com o alpinista Rodrigo Raineri, também procurei explicações para o que move uma pessoa a escolher uma profissão de risco. Rodrigo e André dizem que suas atividades são mais perigosas vistas de fora do que de dentro. Ambos garantem que estão sempre atentos para os fatores de risco e que, por estabelecerem certos limites, conseguem ter controle da situação. Durante as entrevistas que fizemos em 2010, Rodrigo chegou a dizer que considerava a viagem que eu havia feito em 2008 para cobrir o genocídio em Darfur, no Sudão, mais perigosa do que as suas expedições para o cume do monte Everest. Duvido, mas nunca saberemos quem tem razão. A comparação entre um alpinista e um correspondente de guerra permite, pelo menos, estabelecer diferenças no que diz respeito à motivação de cada um para enfrentar a adversidade. O escalador busca a superação pessoal. O jornalista é levado pelo desejo de estar no centro dos acontecimentos para contar em primeira mão o que viu – um desejo que um editor de uma agência de notícias certa vez comparou ao voyeurismo.

Entre os alpinistas, há os que buscam a glória. E há aqueles para os quais o reconhecimento do público é apenas uma consequência, não a finalidade de uma expedição. Entre os correspondentes de guerra, há uma divisão semelhante. Há os que querem ser heróis e há os que rechaçam esse papel. André está nesse segundo grupo – e nisso concordamos. Quando um jornalista se torna notícia, é porque algo deu errado.

Isso não significa que os correspondentes de guerra não tenham o que relatar sobre suas experiências pessoais. Suas histórias, que são a matéria-prima deste livro, têm valor porque revelam uma luta que diz respeito a todos, do padeiro da esquina ao CEO de multinacional. Trata-se do embate entre a liberdade de expressão e os interesses que ameaçam a paz mundial. Por isso, este não é um livro apenas para estudantes e jornalistas. Na era da internet, dos *smartphones* e das redes sociais, todos os cidadãos são comunicadores. Um comentário no Twitter ou um vídeo compartilhado no Facebook podem mobilizar centenas ou milhares de pessoas em defesa de uma causa. Saber o que acontece nos bastidores dos principais conflitos de nosso tempo pode ajudar a todos a discernir fatos de versões antes de clicar no botão "curtir".

Diogo Schelp

Arquivo Pessoal

PARTE 1

Os jornalistas
e as guerras

Diogo Schelp

Cargas de cavalaria, trincheiras e telégrafo

O que faz uma pessoa correr risco de vida para fotografar ou descrever determinada situação de violência em um país estrangeiro? A fotojornalista americana Lynsey Addario ouviu tanto essa pergunta que deu à sua autobiografia o título *It's What I do* ("É o que eu faço"), e garante que não é movida pela adrenalina, mas pela convicção de que se trata de um trabalho importante para a sociedade.[1] O fotógrafo alemão Christoph Bangert, que cobriu Afeganistão, Iraque e Faixa de Gaza para o *New York Times*, acredita nas duas razões. "Quando você é jovem, procura por um propósito e quer ter uma vida diferente daquela que os seus pais tiveram. Você morre de medo de ter uma vida entediante e sem sentido e você vai para a guerra para encontrá-lo. Essa é a parte da aventura. A segunda parte é a ideia jornalística clássica. Você vai a campo e trabalha como jornalista para documentar o que vê. Você informa as pessoas que não estão lá. Essas motivações alcançam um equilíbrio ao longo do tempo. [...] Aos poucos, a ideia jornalística ganha mais peso e você assume menos riscos e se torna um jornalista melhor, também."[2]

A história do jornalismo de guerra é pródiga em personagens movidos pelos dois fatores – ainda que os puramente aventureiros (e mais medíocres) talvez sejam mais numerosos do que aqueles que assumiram a missão de fornecer referências factuais tanto para o presente como para a compreensão histórica de longo prazo. É impossível dizer qual desses dois grupos se expõe mais ao perigo. Desde os primórdios até o final do século XX, o risco no jornalismo de guerra esteve mais associado às características dos conflitos do que às atitudes dos correspondentes.

As histórias de batalhas – contadas à beira da fogueira, de geração para geração; descritas em hieróglifos nas tumbas egípcias; registradas por cronistas do período dos Estados Combatentes, entre os séculos V e III a.C., na China; ou cantadas por trovadores medievais – existem há tanto tempo quanto as próprias guerras. No início, os relatos tinham, obviamente, o propósito de enaltecer os feitos dos guerreiros ou reis. Eram propaganda, portanto. Conforme os exércitos foram ficando mais complexos, os comandantes passaram a destacar alguns de seus homens para atuar como mensageiros, levando informações sensíveis de um destacamento para outro ou da linha de frente para a retaguarda, ou para fazer a contagem de mortos, um dado que frequentemente era usado como base para definir quem venceu ou perdeu uma batalha. Esse trabalho de registro e comunicação exigia um compromisso maior com os fatos, porém seu resultado raramente vinha a público. Alguns conflitos foram, por acaso, testemunhados por observadores externos, como mercadores e aventureiros, que acabavam fazendo relatos próprios, mas raras vezes desinteressados, do que ocorreu. O veneziano Marco Polo descreveu batalhas do Império Mongol, mas alguns estudiosos dizem que ele não as testemunhou, porque há um intervalo de anos entre sua viagem ao Oriente e a guerra em questão. Até o surgimento dos jornais impressos no século XVII, as notícias de guerra eram divulgadas na Europa em panfletos manuscritos, em que as versões do que aconteceu variavam segundo os interesses de cada parte envolvida. Não tinham o mérito de terem sido feitas por observadores independentes, motivados unicamente pelo desejo de contar o que viam e de fazê-lo de maneira a conquistar a atenção dos leitores. Os primeiros jornais tampouco tinham o hábito de enviar seus representantes para acompanhar *in loco* as batalhas, até porque a noção do jornalista como "testemunha ocular" era incipiente, e também pela lentidão na produção dos periódicos. A *Gazeta de Lisboa*, por exemplo, não foi sequer capaz de noticiar de maneira condizente o terremoto de 1755 em seu próprio país. Fazê-lo em conflitos em outras partes da Europa, portanto, era inimaginável.

No Ocidente, costuma-se atribuir ao *The Times* de Londres o pioneirismo na cobertura profissional de guerra. Em 1792, o jornal inglês abriu vaga para alguém que falasse francês e se dispusesse a documentar a Revolução Francesa. Foi, contudo, um caso isolado e não teve maiores repercussões. Mais de 60 anos depois, os jornais ingleses enviaram os primeiros jornalistas a realmente fazer a diferença com a cobertura de um conflito, a Guerra da Crimeia (1853-1856). No um século e meio que se seguiu, os jornalistas quase sempre estiveram ameaçados apenas pela natureza intrinsecamente perigosa da atividade. Eles corriam os riscos inerentes a quem se metia em um acampamento militar, próximo ao *front* de batalha ou em situações de desordem pública. Mas não eram um alvo em si. Esse período foi marcado, em linhas gerais, por sete fases, com implicações específicas sobre os riscos enfrentados pelos jornalistas. São elas as fases dos bastidores, da expansão do telégrafo, dos jornalistas-combatentes, da censura, da guerra pelo público, das guerrilhas e do confinamento.

A fase dos bastidores

Thomas Chenery, correspondente em Constantinopla, e William Howard Russell, ambos do *The Times*, e Edwin Lawrence Godkin, do *London Daily News*, não se guiavam pelos interesses das forças britânicas ao produzir seus artigos sobre a Guerra da Crimeia. Eles descreviam com precisão não apenas as táticas desencontradas dos comandantes das tropas inglesas, que eliminavam inutilmente centenas de vidas a cada confronto, mas também as péssimas condições que os soldados tinham que enfrentar no inverno, sem roupas adequadas e com alimentação insuficiente. Os relatos de Chenery, Russell e Godkin, baseados principalmente no que eles viam acontecer e escutavam nos acampamentos militares e nos hospitais de campanha, deram ao público inglês, pela primeira vez, uma visão menos romantizada da guerra. A insatisfação com os resultados ruins da campanha militar na Crimeia acabaram levando à renúncia do primeiro-ministro, em 1855.

O novo gabinete diminuiu a pressão da opinião pública de duas maneiras. Primeiro, corrigiram-se os erros táticos na condução da guerra e melhoraram-se as condições de vida dos soldados, especialmente em relação ao atendimento médico. Segundo, fez-se um esforço de contrapropaganda, para neutralizar as reportagens do *The Times*.

Essa tarefa coube a um fotógrafo, Roger Fenton. Ele foi contratado para a missão por um publicista, William Agnew, mas alguns historiadores dizem que a ideia de enviá-lo foi do príncipe Albert, um entusiasta da nova arte e marido da rainha Vitória. O fato é que as imagens feitas por Fenton mostravam uma guerra sem sangue, sem dor e sem fracassos. A tecnologia de captação de imagens naqueles primórdios da fotografia era tão rudimentar que se tornava impossível se aproximar da linha de frente. Fenton valia-se do processo de colódio úmido, no Brasil apelidado de "dobradinha". A fotografia precisava ser revelada imediatamente depois de ter sido tirada, motivo pelo qual, na Crimeia, Fenton andava por toda parte com um quarto escuro adaptado a uma carroça puxada por cavalos. Além disso, o tempo de exposição para as fotos variava entre 3 e 20 segundos. Qualquer cena de movimento, portanto, ficaria borrada. Fenton poderia ter registrado cenas estáticas de soldados mortos ou feridos que testemunhassem o horror da guerra, mas optou por não fazê-lo. As 360 fotos que deixou para a posteridade, e que ajudaram a amansar os ânimos dos cidadãos ingleses, mostravam oficiais britânicos confraternizando com colegas franceses, ou bebendo vinho relaxadamente no acampamento.

Outros jornalistas cobriram a Guerra da Crimeia, considerada por muitos historiadores o prelúdio das duas grandes guerras mundiais do século seguinte. Para todos, os riscos embutidos no seu trabalho era menor do que o enfrentado pelas tropas que eles acompanhavam. Alguns estiveram na frente de batalha, mas não tinham que avançar sobre o inimigo em campo aberto e tampouco eram alvos preferenciais de quem estava do lado de lá das trincheiras. A ideia de que havia jornalistas acompanhando os ingleses e os franceses, aliás, certamente era algo que não tirava o sono dos soldados do Império Russo. O jornalista que de maneira mais consistente testemunhou a guerra em seus mais variados aspectos foi Russell. Ele achava que, para poder acompanhar o exército, tinha que vestir um uniforme. Apesar da espada, do quepe e das botas, foi rechaçado por todos os oficiais para os quais pediu autorização para acompanhá-los na Batalha de Alma. Não teve outra opção a não ser ficar vagando com seu cavalo na retaguarda e fazendo entrevistas com os militares que voltavam da linha de frente para saber o que estava acontecendo. O resultado foi um relato mais acurado do que qualquer coisa que os leitores de jornais até então jamais tinham lido. Em outra batalha crucial, a de Balaclava, Russell assistiu a tudo de uma posição privilegiada, mas fora de perigo, do alto de um morro, mesmo local escolhido pelos generais ingleses para acompanhar o combate. Dali ele testemunhou o massacre da Cavalaria Ligeira. Dos mais de 600 homens que se lançaram contra a artilharia russa, 40% foram dizimados.

Apesar de enaltecer a nobreza do combate e dos militares britânicos, os relatos da guerra enviados por Russell eram considerados uma ameaça pelos generais do seu próprio país. Ele chegou a ser expulso de um alojamento para dar lugar para mais soldados e alguns oficiais lhe diziam cara a cara que era melhor ele fazer as malas para voltar para casa. Um ex-secretário da Guerra torcia para que Russell fosse linchado por membros do exército. Já o comandante britânico na Guerra da Crimeia acusou as informações publicadas por Russell no *The Times* de colocarem em risco a segurança das tropas e de exporem segredos táticos para o inimigo. De fato, Russell detalhava números de peças de artilharia, quantidade de munição e posicionamento dos regimentos, mas o próprio comandante russo, depois da guerra, disse que tinha conhecimento de tudo isso por meio de informações passadas por espiões, não pela leitura do *The Times*. A percepção de que um jornalista no *front* atrapalha os esforços de guerra – quando a história que ele conta não pode ser controlada – é uma constante desde então.

De maneira geral, o método de trabalho dos correspondentes na Crimeia, focado na obtenção de informações nos bastidores, não na linha de frente (que, por ser uma guerra convencional, entre exércitos, era bem delimitada), reduzia o risco que eles enfrentavam. Houve, sim, alguns jornalistas mortos na Guerra da Crimeia, mas foram vítimas de acidentes ou doenças. O fotógrafo Richard Nicklin, por exemplo, contratado pelas forças britânicas, morreu num naufrágio causado por uma tempestade perto da cidade de Balaclava. O crítico literário William Stowe, colega de Russell no *The Times*, sucumbiu à cólera no acampamento militar em Balaclava. Stowe havia sido enviado à Crimeia para dar suporte a Florence Nightingale, a enfermeira britânica cujo trabalho na assistência a feridos inspirou a criação, em 1863, do Comitê Internacional para Ajuda de Feridos, futuramente Cruz Vermelha. O jornal *The Times* havia criado um fundo para sustentar a atuação de Nightingale e de seu time de enfermeiras nos hospitais de campanha. Por ser civil, porém, Stowe recusou-se a ser atendido na enfermaria militar de Balaclava e acabou pagando por isso. Em artigo do dia 6 de julho de 1955, porém, o *The Times* acusou as autoridades militares de se recusarem a recebê-lo para ser tratado nos mesmos hospitais que o fundo mantido pelo jornal ajudara a organizar.

A fase da expansão do telégrafo

Os relatos de Russell, enviados por carta para o seu editor, levavam semanas para serem publicados. A notícia passou a viajar com mais rapidez na Guerra Civil Americana (1861-1865), graças ao telégrafo. A nova tecnologia deu as condições para que o conflito fosse o primeiro a motivar uma verdadeira concorrência entre os jornais na busca por informações inéditas ("quentes", no jargão jornalístico) e que mais atraíssem leitores. A disputa era tanta que os correspondentes estavam dispostos a deixar qualquer princípio ético de lado para saber o que o outro sabia. Um episódio ilustra esse fato de maneira patética. Dois jornalistas, de publicações diferentes, estavam em um mesmo trem quando este se acidentou. Cada um pensou que o outro havia morrido e ambos saíram a tatear no escuro para roubar o caderno de anotações do colega.

A facilidade para cobrir o conflito, a rapidez para transmitir as informações e o fato de que os combates ocorriam dentro do território do país da maioria dos correspondentes permitiram que nada menos que 500 jornalistas fossem destacados para cobrir a Guerra Civil. Algumas publicações nos Estados Unidos chegaram a ter mais de 30 jornalistas escrevendo sobre os combates. Havia também representantes de jornais de outros países. Pareciam as condições certas para inúmeras tragédias envolvendo jornalistas, mas não foi o que aconteceu. Apesar do grande número de profissionais e da relativa facilidade que eles tinham para aproximar-se das frentes de batalha, não há registro de um único sequer que tenha morrido em ação.

Até os fotógrafos, beneficiados por avanços nos equipamentos e nas técnicas de revelação, passaram a conseguir registrar os momentos mais críticos dos combates, mesmo que os jornais ainda não dispusessem de meios para publicar as imagens. O mais atuante, Mathew Brady, tinha uma equipe numerosa de colaboradores produzindo fotos em diferentes lugares, que ele depois vendia em cópias avulsas para o público das cidades e para colecionadores. O próprio Brady testemunhou a primeira batalha da Guerra Civil, a de Bull Run, e, segundo um observador, foi a visão de sua enorme máquina fotográfica que fez com que as tropas do norte fugissem em desespero, pensando tratar-se de uma arma, da qual haviam ouvido falar, que disparava 500 balas por minuto. As fotos da equipe de Brady, ao contrário das do predecessor Fenton na Crimeia, mostravam a devastação da guerra em toda a sua crueza. Mas, por não terem aparecido em jornais e revistas, não ficaram tão conhecidas na época quanto as ilustrações feitas por artistas contratados pelas redações. Essa forma de documentar os combates era mais vívida e atraente – mas quase sempre uma distorção romantizada ou exagerada da realidade. Frequentemente, as revistas ilustradas publicavam desenhos de cenas dramáticas afirmando que haviam sido presenciadas pessoalmente pelo artista, o que quase sempre era mentira.

A exemplo do que ocorreu na Crimeia, na Guerra Civil Americana também havia muitos militares – de ambos os lados do conflito – que viam os jornalistas com desconfiança. Além da censura que os oficiais tentavam aplicar, e que permanece uma obsessão de militares de todos os países até hoje, nenhuma grande tragédia ou injustiça resultou dessa desconfiança. O que ficou para a história são episódios anedóticos como o do jornalista que foi expulso de um regimento por ter escrito sobre o general George Meade algo que este não gostou. O repórter foi obrigado a montar de costas em um cavalo velho e a ostentar um cartaz no peito com os dizeres: "Líbelo da imprensa". Os colegas do pobre correspondente decidiram, em vingança, omitir o nome do general em qualquer reportagem que viessem a fazer.

A expansão do telégrafo agilizou a atuação dos jornais nos conflitos, despertou no público a sede por notícias quentes e, pode-se argumentar, deu aos correspondentes maior poder para influenciar nas decisões políticas. Como resultado, começou-se a construir em torno dos jornalistas de guerra uma admiração e um respeito que muitos souberam explorar para ter acesso ao centro dos acontecimentos e para se autopromover.

A fase dos jornalistas-combatentes

O período entre a Guerra Civil Americana e a Primeira Guerra Mundial, iniciada em 1914, foi profícuo para os correspondentes, e ajudou a consolidar a função como essencial para qualquer jornal. Eles também se tornaram mais audaciosos na cobertura, aproximando-se da verdadeira ação militar e, portanto, expondo-se mais ao risco. Sete morreram nos embates entre os rebeldes mahdistas, no Sudão, e as forças do Império Britânico, em 1883 e 1884. Um deles, o irlandês Frank Le Poer Power, esteve com o general Charles George Gordon em Cartum, sitiado pelas tropas mahdistas, e de lá continuou enviando os seus relatos para a Inglaterra, primeiro por telégrafo e depois em cartas contrabandeadas para fora da cidade. Power foi nomeado cônsul inglês e morreu ao tentar furar o cerco, na companhia de um oficial, com o intuito de levar uma mensagem ao Cairo.

A separação entre o papel de mero observador-cronista e o de participante do conflito era pouco clara para muitos dos correspondentes. Power, pelo simples fato de ser britânico, certamente teria sido morto mesmo que não estivesse atuando como um funcionário do Império. Outros correspondentes com frequência largavam a caneta para pegar em armas, como fez James Creelman, do *New York Journal*, durante a Guerra Hispano-Americana, em 1898. Por ser o único americano que conhecia o terreno, ele liderou um bem-sucedido ataque a uma fortificação em El Caney, e foi ferido no momento em que recebia a rendição de um oficial espanhol.

O mais famoso correspondente-combatente é Winston Churchill, que mais tarde se tornaria o primeiro-ministro britânico que conduziu o país na guerra contra a Alemanha de Adolf Hitler. Militar, aos 21 anos de idade Churchill foi a Cuba para testemunhar a guerra de independência, em 1895, e de lá enviou relatos para o jornal *Daily Graphic*. A partir de então, Churchill passou a alternar suas missões militares com trabalhos eventuais como correspondente em conflitos na Índia, no Sudão e na África do Sul. Pouco depois de chegar a este último país, para cobrir a Guerra dos Bôeres (1899-1902), Churchill foi capturado durante uma emboscada a um trem. Ele conseguiu fugir e juntou-se a um regimento britânico para lutar. Nem por isso deixou de continuar enviando os seus artigos para o jornal *Morning Post*. Essa dualidade serviu basicamente para Churchill se autopromover. De volta à Inglaterra, ele começou a colher os frutos políticos da fama conquistada com seus relatos. Aos 26 anos, já tinha publicado quatro livros sobre suas experiências de guerra. Quanto à qualidade dos seus artigos, pode-se dizer que eram tão patrióticos e unilaterais quanto os do escritor Rudyard Kipling, que chegou a ser acusado por um jornal italiano de participação no assassinato de um civil na África do Sul, e os de Arthur Conan Doyle, o criador de Sherlock Holmes, que durante a guerra equilibrou-se entre as funções de médico de campanha e correspondente.

Outros correspondentes desse período, como o americano Januarius Aloysius MacGahan, do *London Daily News*, e o italiano Luigi Barzini, do *Corriere della Sera*, tinham uma noção mais apurada de sua função como testemunhas dos fatos, e eram incansáveis na tentativa honesta de descobrir o que estava acontecendo ao seu redor. MacGahan, que cobriu meia dúzia de conflitos de seu tempo, fez profundas investigações de atrocidades cometidas pelos turcos na Bulgária, em 1876. Alguns anos antes, durante a Comuna de Paris, por pouco não foi enforcado pelos revolucionários franceses, que pensaram que ele fosse um espião (uma suspeita que recai com frequência sobre jornalistas de guerra até hoje). MacGahan morreu após o fim da Guerra Russo-Turca (1877-1878) de tifo. Antes dele, quatro dos oito correspondentes que cobriram o conflito do lado russo sucumbiram a doenças ou ferimentos de batalha.

Luigi Barzini despontou como correspondente na Rebelião dos Boxers (1899-1901), na China, e na Guerra Russo-Japonesa (1904-1905), na qual, ao contrário dos outros enviados especiais estrangeiros, entre os quais o escritor americano Jack London, conseguiu testemunhar os combates. Além de escrever com competência, Barzini também registrou o que viu em centenas de fotografias, em um tempo em que elas eram uma raridade nas coberturas de guerra. No total, Barzini acompanhou oito conflitos em três continentes, fechando a carreira na Primeira Guerra Mundial.

Na fase dos jornalistas-combatentes pode ser incluída também a Guerra Civil Espanhola (1936-1939), apesar de, cronologicamente, ser posterior à Primeira Guerra. Por ser interno, o conflito na Espanha teve contornos militares menos definidos. Havia conterrâneos se matando pelo poder, diversas facções combatentes e gente do mundo inteiro unindo-se a uma delas para lutar. Entre os milhares de estrangeiros que afluíam para a Espanha, estavam alguns dos melhores correspondentes de guerra daquele período e escritores como o americano Ernest Hemingway e o britânico George Orwell. Ambos, assim como muitos outros, no melhor estilo correspondente-combatente da virada do século, haviam sido enviados para lá para escrever reportagens, mas acabaram pegando em armas. James Lardner, do *New York Herald Tribune*, abandonou a caneta para se juntar à Brigada Internacional e foi morto em combate. Outros, como H. A. R. Philby, usavam a fachada de correspondentes de guerra para ocultar seu verdadeiro trabalho como espiões de países com interesses diretos no conflito, especialmente da União Soviética.

Havia centenas de correspondentes de várias nacionalidades cobrindo o conflito espanhol. Escrever com honestidade o que se via, porém, significava indispor-se com a tropa ou milícia da qual se dependia para continuar acompanhando a guerra. Não foram poucos os jornalistas que acabaram presos por ousar um pouco mais em seus relatos. O. D. Gallagher, do *Daily Express*, provavelmente o único a permanecer em Madri quando a cidade foi tomada pelas forças do general Francisco Franco, se escondeu no porão de um hotel e enviava notícias por meio de um mensageiro, mas acabou descoberto, ameaçado de morte e deportado. Houve muitas ameaças e detenções

Os jorna-
listas-com-
batentes
colocavam
em risco
os colegas
que não
andavam
armados e
esperavam
ter o
tratamento
de civis
se caíssem
nas mãos
do inimigo.

arbitrárias, mas, de resto, o maior perigo para os jornalistas era estar em meio a um conflito caótico, por vezes urbano e sem linhas de frente bem delineadas. A fotógrafa Gerda Taro, nascida na Alemanha e radicada na França, por exemplo, morreu atropelada por um tanque das forças legalistas em retirada. A Guerra Civil Espanhola, aliás, foi a primeira a ser consistentemente documentada em fotos. Um dos mais famosos fotógrafos de guerra, Robert Capa (marido de Gerda Taro), americano nascido na Hungria, tornou-se mundialmente conhecido por causa de uma foto que mostra um soldado caindo no momento em que é atingido por um disparo. Suspeita-se que a foto tenha sido encenada, mas Capa começava ali uma carreira consistente. Capa cobriu muitos outros conflitos até morrer ao pisar em uma mina terrestre no Vietnã, em 1954. Em homenagem a ele, a Overseas Press Club of Americas criou o prêmio Robert Capa Gold Medal, que reconhece "a melhor reportagem fotográfica internacional publicada que exigiu excepcional coragem e empenho" do autor.

Ao transitar entre ser um militar e publicar artigos sobre o conflito do qual participavam, os jornalistas-combatentes colocavam em risco os colegas que não andavam armados e esperavam ter o tratamento de civis se caíssem nas mãos do inimigo. Essa postura ajudou a corroer precocemente a noção de neutralidade que o jornalismo de guerra cada vez mais tentava consolidar para si. Os jornalistas-combatentes são alvos legítimos em uma guerra. Como diferenciá-los, na linha de frente, dos outros, desarmados, que apenas buscam a informação? Quase sempre, isso é impossível.

A fase da censura

Quando a Grande Guerra estourou na Europa, em 1914, os governos dos países envolvidos – e especialmente suas forças armadas – já tinham a exata noção do incômodo que era ter jornalistas circulando livremente entre os acampamentos militares e tentando se aproximar da linha de frente. O que eles contavam aos cidadãos em seus países de origem podia expor a incompetência de generais, a desorganização de seus governos, as péssimas condições em que os soldados precisavam lutar e os abusos contra prisioneiros e civis. Em suma, podia colocar em risco o esforço de guerra ou, pior, levantar dúvidas sobre a decisão de entrar no conflito. Por isso, sob a alegação de que era preciso evitar que informações táticas ou estratégicas chegassem ao conhecimento do inimigo, quase todos os lados do conflito impuseram censura aos correspondentes. A Rússia não permitia aos jornalistas chegarem nem perto da frente de batalha. Os alemães adotaram rigor semelhante, mas foram além: criaram sua própria agência oficial para distribuir notícias dentro e fora do país, inclusive em nações inimigas. Franceses e britânicos exigiam que os correspondentes se credenciassem junto a suas forças militares e, em tese, até era possível ir aonde a ação ocorria. Assim mesmo, qualquer reportagem passava pelo crivo de um censor antes que pudesse ser enviada para divulgação. Quando entraram na guerra, já num momento de declínio das forças alemãs, os Estados Unidos adotaram medidas igualmente restritivas ao trabalho da imprensa. Como a maioria das notícias que saíam nos jornais mais pareciam comunicados oficiais dos comandos dos exércitos, os correspondentes que buscavam algo diferente tinham que se arriscar para valer na busca por uma boa história.

Geoffrey Pyke, ex-correspondente da Reuters na Dinamarca, por exemplo, entrou clandestinamente na Alemanha com um passaporte falso e passou uma semana em Berlim ouvindo a conversa de oficiais nos cafés. Acabou sendo descoberto e, entre executá-lo por suspeita de espionagem e mantê-lo preso, as autoridades optaram pela alternativa mais branda. Pyke passou seis meses na cadeia e depois foi enviado para um campo de confinamento, de onde conseguiu escapar. Ele caminhou até a Holanda e, de lá, enviou um texto sobre sua aventura para o *Daily Chronicle*.

O americano Floyd Gibbons, do *Chicago Tribune*, viajou para a Europa em um navio, o Laconia, que ele apostava que seria torpedeado pelos alemães. Ele não só estava certo como sobreviveu ao ataque para contar a história em seu jornal. Depois, Gibbons continuou empenhado em chegar o mais próximo possível dos acontecimentos para poder descrevê-los com mais propriedade, e para isso fazia frequentes incursões não autorizadas à linha de frente. Até que, ao acompanhar tropas americanas em um ataque contra os alemães na França, levou um tiro no olho e outro no ombro. Ele sobreviveu e passou a usar um tapa-olho, mas nunca mais teve o mesmo ímpeto na busca pela notícia independente.

Os fotógrafos tinham ainda menos condições de trabalhar. Quem fosse pego tirando fotos no *front* seria executado a tiros. Por essa razão, o único a fazer diversos registros de combates foi o soldado F. A. Fyfe, que levou escondido para as trincheiras uma pequena máquina fotográfica. A verdade é que, por causa da censura à imprensa e do cerceamento da liberdade dos jornalistas para circular nas zonas de guerra, os relatos mais vívidos e realistas do conflito foram feitos por soldados em cartas que enviavam para os parentes ou em livros publicados após darem baixa.

A Primeira Guerra, da mesma forma que a Segunda Guerra, 21 anos depois, apresentava para os jornalistas o risco de um conflito convencional. Isso significa que eles estavam sujeitos a serem atingidos como qualquer pessoa que estivesse próxima do alvo dos canhões e dos fuzis. Também podiam sucumbir às doenças que se tornaram epidêmicas por causa das péssimas condições de higiene nos locais de combate e que dizimaram milhares de soldados e civis. Os correspondentes, porém, não eram um alvo em si. No livro *The First Casualty* ("A primeira vítima", sobre a história do jornalismo de guerra), Phillip Knightley cita o poeta britânico H. G. Wells, um dos tantos intelectuais que bateram o tambor da guerra e que se lançaram com entusiasmo para cobri-la *in loco*: "Eu sabia que as chances de ser atingido por uma bala eram infinitesimais, mas eu tinha muito medo de ser atingido por alguma impressão demasiadamente vívida." Ou seja, o maior risco que Wells via em cobrir a guerra não era a de ser morto, mas o de presenciar algo que o fizesse ter ideias pacifistas...

Ser um jornalista só representava uma ameaça maior quando se descumpria as regras impostas pelas forças militares. Em certos momentos da guerra, os correspondentes foram obrigados a vestir um uniforme e a usar um bracelete verde como identificação. Se algum jornalista independente fosse encontrado perto das zonas de combate sem autorização, devia ser preso e deportado. Em uma dessas situações, um comandante britânico ameaçou enviar um deles para o paredão. Um profissional com credenciamento da França, por exemplo, não podia cruzar a linha inimiga para fazer reportagens do lado alemão. Se o fizesse e fosse pego, seria fuzilado.

A verdade, porém, é que a possibilidade de ser executado por uma das forças regulares por estar exercendo a profissão de jornalista era

34

Correspondente
de guerra

muito baixa. Na maioria das vezes, os correspondentes conseguiam convencer seus captores que não eram espiões e até que poderiam ser úteis de alguma forma. Irvin S. Cobb, do *Saturday Evening Post*, por exemplo, cruzou para o lado inimigo acompanhado de quatro colegas americanos, e apresentou-se a um oficial alemão. Apesar de ser proibido ter correspondentes independentes acompanhando as tropas alemãs, eles puderam permanecer durante duas semanas e depois foram colocados em um trem para Paris. Os oficiais do kaiser provavelmente consideraram que era melhor dar um bom tratamento aos jornalistas, na esperança de uma cobertura minimamente simpática, do que prendê-los ou colocá-los diante de um pelotão de fuzilamento.

A fase da guerra pelo público

Na Segunda Guerra, as nações aliadas adotaram praticamente o mesmo sistema de censura existente no conflito mundial anterior. Apesar disso, hordas de jornalistas, fotógrafos e cinegrafistas foram enviadas para noticiar o que acontecia em quase todos os palcos de combate. Só do Canadá saíram 400 fotógrafos. Mais de 100 jornalistas alemães e de países neutros cobriram a invasão russa da Finlândia, em novembro de 1939. Durante toda a guerra, a Alemanha era o país que tinha o maior controle sobre seus correspondentes. Simplesmente não havia repórter, fotógrafo ou cinegrafista independente. Todos foram incorporados ao exército e passaram a atuar na *Propaganda Kompanie* ("Divisão de Propaganda"), cuja missão, como o próprio nome deixa claro, era abastecer o público doméstico apenas com notícias que contribuíssem para o moral da população e para o esforço de guerra.

No auge, havia 12 mil profissionais nessa função. "Os correspondentes alemães voavam em bombardeios, saltavam junto com as tropas paraquedistas e marchavam com a infantaria", escreveu Knightley. Resultado: o lado alemão era o que mais produzia imagens e relatos quentes do coração do conflito e, ao menos durante o período em que o regime nazista estava ganhando a guerra, as páginas dos jornais ao redor do mundo eram repletas de fotos e informações vindas da *Propaganda Kompanie*. Por outro lado, os correspondentes alemães morriam tanto quanto os militares de infantaria: apenas dois terços sobreviveram. Um deles, Walter Reuschl, fotografou o filho de Stalin quando este foi detido pelos nazistas; coincidência ou não, o próprio Reuschl desapareceu para sempre quando chegou a sua vez de ser capturado pelos soviéticos. A frente russa era a mais temida: repórteres e fotógrafos alemães que não estivessem tendo uma boa produtividade (leia-se "não estavam contribuindo satisfatoriamente para a propaganda de guerra") eram enviados para lá.

Do lado russo, a possibilidade de chegar perto dos acontecimentos era praticamente inexistente. A imprensa soviética de qualquer forma não poderia publicar outra coisa que não fosse o que interessava ao Partido Comunista. Parecia inútil permitir que fossem ao *front* se as notícias seriam de qualquer forma ditadas de cima, verdadeiras ou não. Quanto aos poucos correspondentes estrangeiros que se aventuraram no Leste, eram vistos como possíveis espiões do Ocidente pelos soviéticos – algumas vezes com razão. Quando a guerra chegou às cidades russas, como Stalingrado, alguns jornalistas finalmente puderam testemunhar os fatos sem grandes riscos para a própria integridade física. A americana Margaret Bourke-White, por exemplo, fotografou os bombardeios alemães em Moscou da varanda do seu hotel.

> Os correspondentes alemães morriam tanto quanto os militares de infantaria: apenas dois terços sobreviveram.

36
Correspondente
de guerra

Com o trabalho jornalístico no *front* ocidental sob forte censura e controle dos aliados, e o *front* oriental quase sem cobertura por causa das limitações dos russos, as campanhas na Ásia e nas regiões desérticas do norte da África tornaram-se as mais profícuas para o trabalho dos enviados especiais, pressionados que eram para entregar histórias exclusivas, de preferência com muita ação e atos de bravura. A Batalha de Xangai (1937), na China, antes do início da guerra na Europa, entre japoneses e chineses, pôde ser testemunhada com relativo privilégio por jornalistas de outros países porque parte da cidade era administrada por concessões europeias. Os combates se desenrolavam apenas na área "chinesa" da cidade, o que permitiu aos jornalistas se estabelecer com segurança em hotéis do território internacional e se locomover para os locais dos acontecimentos quando possível e necessário. É desse episódio uma famosa foto de um bebê chorando sozinho na plataforma de uma estação de trem bombardeada pelos japoneses, feita pelo fotógrafo chinês H. S. "Newsreel" Wong, que trabalhava para um grupo de comunicações americano. Wong assistiu ao bombardeio do alto de um prédio, e desceu para documentar o seu resultado em seguida, ainda correndo o risco de que os aviões voltassem para um novo ataque. Wong sobreviveu para divulgar o horror da guerra para o mundo, mas outros – como o correspondente italiano Sandro Sandri, que morreu em um barco bombardeado no rio Yangtze, e o repórter Pembroke Stephens, do *Daily Telegraph*, que levou um tiro letal na cabeça no apagar das luzes da batalha – não tiveram a mesma sorte.

No Pacífico, estar em uma flotilha sob ataque podia ser assustador, mas também uma benção – se o jornalista sobrevivesse. O australiano Stanley Johnston, do *Chicago Tribune*, por exemplo, estava no porta-aviões Lexington quando este foi afundado por aviões japoneses e ganhou um relato em primeira mão sobre o novo caráter das batalhas navais, em que a aviação adquiriu um papel inédito. Em outro episódio, os jornalistas O. D. Gallagher, Cecil Brown e o fotógrafo da marinha britânica Horace Abrahams foram resgatados do mar após uma fragorosa derrota naval dos ingleses.

Alguns jornalistas de países aliados caíram nas mãos do inimigo, e também se safaram. O fotógrafo Carl Mydans, por exemplo, passou quase dois anos em campos de prisioneiros de guerra, até que os japoneses o soltaram em uma troca de presos. Pouco depois ele já estava na Europa, registrando a campanha na Itália. Outro fotojornalista, W. Eugene Smith, embrenhava-se de tal forma nos combates que foi ferido várias vezes. Ele compartilhava as trincheiras com os soldados americanos e participou de trinta invasões por mar.

O maior perigo para os correspondentes eram eles próprios e seus empregadores. O fato de haver milhares de jornalistas espalhados por todos os palcos de guerra exacerbava a concorrência entre os jornais pelas notícias mais quentes, mais espetaculares e mais impactantes. Como consequência, os editores pressionavam seus correspondentes a deixar de lado as reportagens de fundo e de bastidores para se empenhar mais em trazer relatos do *front*. Isso aumentava sua exposição ao risco. Um jornalista que avança lado a lado com soldados sobre a linha inimiga pode, em algumas situações, se tornar ainda mais vulnerável do que os militares. Isso porque sua atenção está voltada para qualquer coisa que possa ter interesse jornalístico, principalmente a atuação dos soldados que acompanha. Estes, por sua vez, têm um foco mais restrito: o inimigo que precisam destruir. Essa diferença de postura entre soldados e jornalistas no *front* pode ser bem ilustrada pela atuação do cinegrafista australiano Damien

38
Correspondente
de guerra

Parer, que era tão determinado que por vezes ia na *frente* das tropas, em vez de segui-las a uma distância segura. Em 1944, durante um ataque em Palau, um arquipélago no Pacífico, ele decidiu que só conseguiria filmar o avanço dos soldados se andasse de costas e alguns passos adiante deles. Acabou morto por uma rajada de metralhadora japonesa. Ernie Pyle, do *The Washington Daily News*, que se tornou famoso por seus artigos sobre o dia a dia dos recrutas, um ano antes do fim da guerra já havia decidido voltar para casa. Estava cansado de ver pessoas mortas. Mas suas reportagens eram consideradas tão importantes para elevar o moral das tropas que foi pressionado a aceitar uma missão no Pacífico. Foi morto com um tiro na cabeça em uma emboscada japonesa na ilha de Ie Shima.

A cobertura na Europa tornou-se mais abrangente, pode-se dizer também menos burocrática, quando a Alemanha começou a perder. Para o desembarque da Normandia estavam credenciados 558 repórteres, fotógrafos e cinegrafistas. Entre eles Robert Capa, que, assim como os soldados ao lado dele no mar, foi recebido a tiros de metralhadora, que furavam a água ao seu redor. Quando chegou na praia, fez 108 cliques e retornou para o barco que os havia levado. O funcionário que revelou os filmes, porém, queimou quase todos, por azar. Só sobraram oito fotos. O nome do trapalhão era Larry Burrows, que mais tarde viria a se tornar um importante fotógrafo de guerra.

Nos momentos finais da Segunda Guerra, havia tantos jornalistas acompanhando as tropas aliadas em território alemão que a repórter Evelyn Irons, do *Evening Standard*, se viu capturando uma aldeia na Baviera, porque havia chegado antes dos soldados franceses que a acompanhavam e porque estava em um jipe militar e armada. Marguerite Higgins, do *New York Herald Tribune*, participou da liberação do campo de concentração de Dachau e foi uma das primeiras a testemunhar os horrores que se passavam ali.

Por nenhum outro conflito passaram tantos jornalistas como na Segunda Guerra. Não poderia ser diferente, tendo em conta suas dimensões e seu alcance. Não foram poucos os que morreram. Mas a grande maioria correu pouco risco. Até Ernie Pyle, que se notabilizou por contar histórias de soldados reais nas trincheiras, só esteve numa delas durante uma batalha uma única vez. Quando um correspondente se via sob ataque, geralmente era por acidente, e não porque estava buscando por isso. Os que se arriscavam de verdade tinham tanta chance de morrer quanto o soldado ao seu lado. Em certas missões da força aérea britânica sobre a Alemanha, por exemplo, a probabilidade de ser abatido era de uma em seis, o que o jornalista americano Andy Rooney comparou a uma roleta russa com um revólver de seis balas. Nessas condições, ser ou não um repórter pouco importava. O que valia era estar no avião que voltaria intacto para a base ou não. Aos poucos, conforme as guerras foram ficando mais urbanas e as forças envolvidas mais difusas, dificultando a diferenciação entre combatentes e civis, isso foi mudando.

A fase das guerrilhas

Muitos dos veteranos de cobertura da Segunda Guerra, além de inúmeros novatos, estiveram posteriormente também nos conflitos "quentes" da Guerra Fria: Coreia (1950-1953) e Vietnã (1954-1975). Entre as muitas novidades de cobertura estava a crescente participação das equipes de televisão e a disposição dos jornalistas de relatar também abusos cometidos pelas tropas dos próprios países, especialmen-

40

Correspondente
de guerra

te contra civis. A Guerra do Vietnã acrescentou dois novos fatores de risco aos jornalistas: primeiro, a ausência de um *front* bem delimitado e, segundo, do ponto de vista das potências ocidentais, a dificuldade de identificar os inimigos, que nem sempre usavam uniformes ou estavam onde se esperava que estivessem, além de serem fisicamente indistinguíveis dos aliados do Vietnã do Sul.

A presença massiva da imprensa, que as forças militares já haviam experimentado na Segunda Guerra, repetiu-se no Vietnã, que chegou a ter 700 correspondentes trabalhando simultaneamente. Assunto não faltava. Era relativamente fácil conseguir credenciamento junto às forças americanas, que disponibilizavam transporte e até ração para quem quisesse ir a campo. A mobilidade para se chegar aonde os combates ocorriam, os *fronts* difusos e a possibilidade de se deparar a qualquer momento com vietcongues (guerrilheiros sul-vietnamitas leais às forças do norte comunista) criaram as condições para que 63 jornalistas tenham sido dados como mortos ou desaparecidos no Vietnã.

Não se pode dizer que os jornalistas tinham seu *status* de observadores neutros reconhecido quando caíam nas mãos dos combatentes do norte. Em pelo menos uma ocasião, cinco correspondentes foram executados a tiros pelos vietcongues, apesar de terem se identificado (no dia seguinte, um fotógrafo pegou uma arma e saiu para vingar os colegas, e também foi morto). A maioria dos jornalistas, porém, morreu em acidentes de transporte, por fogo amigo ou ao pisar em minas terrestres. Marguerite Higgins, por exemplo, veterana da Espanha e da Segunda Guerra, entre outros conflitos, contraiu leishmaniose, voltou para os Estados Unidos para receber tratamento, mas não resistiu.

Não eram raros os jornalistas que andavam armados no Vietnã. O objetivo declarado era se proteger de vietcongues. Peter Arnett, da agência Associated Press, estava entre os que não portavam armas, mas em uma ocasião foi obrigado a se juntar ao esforço de guerra de seu país. Durante uma ofensiva perto de Song Be, após muitas mortes nas fileiras americanas, um major entregou-lhe um fuzil e ordenou que desse cobertura para um artilheiro. Quando Arnett questionou o oficial sobre o fato de a Convenção de Genebra proibir civis de usar armas, escutou como resposta: "Você quer acreditar que o vietcongue vai respeitar o seu *status* civil?". E lá foi o repórter assumir sua posição.

A fase do confinamento

Vinte e oito anos depois, Peter Arnett tornou-se o rosto onipresente da cobertura daquela que foi, sob muitos aspectos, a guerra que encerrou o período "convencional" do jornalismo de guerra: a Guerra do Golfo, ou Primeira Guerra do Iraque, em 1991. Nos anos que se seguiram ao desastre no Vietnã, os militares americanos aprimoraram o controle das informações que saíam dos conflitos nos quais o país se envolveu. No Iraque (na verdade, na Arábia Saudita, onde as tropas americanas estavam estacionadas e onde a imprensa se reuniu para cobrir a guerra), as forças dos Estados Unidos instituíram um sistema de cobertura em *pool*, ou seja, eram formados grupos de jornalistas que deviam compartilhar as informações entre si. A cada saída a campo, era escolhido um dos profissionais do grupo que, na volta, deveria contar aos outros o que viu e ouviu. Esse sistema era seguro para os jornalistas, mas o resultado foi um noticiário asséptico, com poucas imagens de apelo humano e dominado por eufemismos cunhados pelo Pentágono, como "vítimas colaterais" e "bombardeio cirúrgico". Duas

42

Correspondente
de guerra

Até o início
da década
de 1990,
na maioria
das guerras
os riscos
enfrentados
pelos
jornalistas
eram ine-
rentes ao de
qualquer
pessoa
em meio
a um
conflito.

dezenas de jornalistas que romperam o sistema de "grupo" e foram a campo por conta própria (os chamados "unilaterais") acabaram detidos pelas forças americanas.

Nesse sistema, o melhor que a imprensa internacional podia oferecer eram as imagens dos mísseis Patriot interceptando no ar os Scud de Saddam Hussein e as cenas que alguns poucos correspondentes de TV instalados em Bagdá, a capital iraquiana, produziam e transmitiam dos bombardeios sobre a cidade. Daí o fato de o conflito ter sido apelidado de "guerra de videogame". Os militares tentaram anular a sua dimensão humana, controlando os jornalistas. A maioria dos correspondentes, porém, em especial os que não pertenciam à grande imprensa americana, foram à Arábia Saudita para cobrir a guerra por conta própria. Na fase da guerra aérea, quem estava fora dos *pools* praticamente não tinha o que fazer. Restou a esses jornalistas convencer outras forças da coalizão liderada pelos Estados Unidos a levá-los consigo quando chegasse o momento de liberar por terra o Kuwait, que havia sido invadido pelo Iraque.

* * *

Até o início da década de 1990, na maioria das guerras – inclusive as que consolidaram as fronteiras do Estado de Israel – os riscos enfrentados pelos jornalistas eram inerentes ao de qualquer pessoa em meio a um conflito com características convencionais. Ou seja, quase sempre as partes envolvidas eram compostas por forças regulares e os objetivos militares consistiam em conquistar território ou impor fortes baixas no inimigo para fazê-lo capitular. Quando esse padrão não existia com clareza, como na Guerra Civil Espanhola, no Vietnã ou nos conflitos regionais na África na segunda metade do século XX, os jornalistas eram ao menos vistos com indiferença ou como intrometidos úteis. Em ocasiões distintas, duas fotógrafas, uma francesa, Catherine Leroy, e outra americana, Kate Webb, foram capturadas pelas forças do Vietnã do Norte e tiveram autorização para registrar a guerra do ponto de vista dos comunistas antes de serem libertadas.

Ainda nas décadas de 1970 e 1980, porém, um gostinho amargo do que viria pela frente começou a ser sentido no Oriente Médio, onde apareceram grupos armados, ideologias e uma nova percepção de como usar os jornalistas para exercer pressão política que, décadas mais tarde, transformariam os correspondentes em um alvo de guerra em si. Por essa época, a geração de jornalistas que viria a enfrentar essa nova realidade ainda estava nascendo ou buscando um rumo na vida.

Notas

[1] *Time*, 16 mar. 2015, p. 68.
[2] *The New York Times*, 24 nov. 2014.

Kalashnikovs, sequestros e *smartphones*

Pergunte a qualquer jornalista com experiência em coberturas de guerra nos anos posteriores aos atentados de 2001 nos Estados Unidos sobre seu maior medo no exercício da profissão, e há uma grande chance de que responda que não é ser atingido por uma bomba, uma bala ou por estilhaços. Ele ou ela lhe dirá que ser sequestrado é o seu maior temor. Como todo medo, também este é irracional. Mesmo nas guerras contemporâneas, a chance de um correspondente se tornar uma vítima "colateral" de bombardeios, tiroteios ou acidentes típicos de zonas de conflito é maior do que a de morrer após ser capturado por alguma milícia.[1] Esse temor, porém, revela muito sobre o papel que os jornalistas têm aos olhos dos combatentes da atualidade – e demonstra que os homens e as mulheres de imprensa têm plena consciência dessa percepção.

Repórteres, fotógrafos e cinegrafistas são percebidos como agentes de propaganda de seus governos. Essa noção já existia no passa-

46
Correspondente
de guerra

Os grupos
guerri-
lheiros ou
terroristas
não preci-
sam mais
dos corres-
pondentes
estrangei-
ros para
contar o
seu lado
da história.

do, mas agora há um agravante: os grupos guerrilheiros ou terroristas não precisam mais dos correspondentes estrangeiros para contar
o seu lado da história ou para passar uma mensagem para o mundo.
O terrorista Osama bin Laden aceitou ser entrevistado pelo americano
Peter Bergen, da rede CNN, em 1997 no Afeganistão. O saudita usou
a oportunidade para declarar guerra ao Ocidente. Depois de 2001, seria impensável que um jornalista pudesse repetir a façanha de Bergen
com segurança, assim como seria suicídio entrevistar pessoalmente,
em 2015, Abu Bakr al-Baghdadi, o líder do Estado Islâmico.[2] O EI, sigla
pela qual o grupo é conhecido, não precisava de jornalistas para divulgar sua ideologia, suas ameaças e seu apelo para que jovens de todo
o mundo se juntassem às suas fileiras. O próprio grupo fazia isso com
competência profissional por meio da internet.

Neste ponto, a postura do EI merece uma comparação com a dos
envolvidos na Guerra de Independência de Bangladesh, em 1971,
que também tinha caráter sectário e foi marcada por matanças indis-
criminadas. Nesse conflito do sul da Ásia, era comum que os grupos
rivais cometessem atrocidades uns contra os outros diante das câmeras dos fotógrafos estrangeiros – uma forma de demonstrar força e
espalhar o terror entre os inimigos. Em um episódio especialmente
lamentável, um líder bengali,[3] após um discurso aos apoiadores em
um estádio de futebol, reuniu quatro prisioneiros behari[4] e matou-os
a golpes de baioneta, permitindo que cinco fotógrafos registrassem
tudo de perto. Apenas um dos profissionais, o francês Marc Riboud,
percebendo a armação, recusou-se a clicar. Os outros não só foto-
grafaram as cenas, como amealharam prêmios de jornalismo com o
resultado. Se a guerra em Bangladesh ocorresse na era da internet e
dos *smartphones*, porém, o trabalho dos jornalistas teria muito menos

valor para o tal líder bengali. Ele poderia executar os prisioneiros da mesma forma e depois divulgar nas redes sociais as imagens feitas com os celulares de seus apoiadores. Dependendo da sua qualidade, haveria uma grande chance de os vídeos e as fotos serem reproduzidos pela imprensa internacional.

Assim como os vilões do cinema, que hackeiam os canais de televisão para avisar aos cidadãos que sua destruição se aproxima, os terroristas hoje invadem a casa das pessoas pela rede mundial de computadores – e também pelos próprios meios de comunicação tradicionais, que se veem obrigados a noticiar as imagens de atrocidades produzidas e divulgadas por grupos como o EI. Não pode haver propaganda de guerra mais eficiente. Curiosamente, a única ocasião no passado em que um Estado logrou algo parecido foi durante a Segunda Guerra Mundial, quando a Alemanha nazista montou uma estrutura tão eficiente de produção de notícias e imagens do conflito, a *Propaganda Kompanie*, que até os jornais britânicos, americanos e de outras nacionalidades se viam obrigados a reproduzi-los – pelo menos enquanto os alemães estavam ganhando.

Pelas convenções internacionais, os jornalistas têm *status* de civis. E, nos conflitos atuais, os civis são as maiores vítimas. Assim como acontece com o restante da população de um país em guerra, mesmo quando um jornalista não quer ir até a linha de frente, a linha de frente às vezes insiste em ir até ele. Esse fenômeno, típico de guerras assimétricas (que opõem exércitos regulares a milícias armadas) ou urbanas, existiu também em alguns conflitos do século XX, como o do Vietnã. Como explicar, então, a alta letalidade das guerras contemporâneas comparada com as do passado? No Vietnã, para cada jornalista morto, de qualquer nacionalidade, houve 920 baixas militares americanas. Na

48

Correspondente
de guerra

Em 2003,
o ano da
invasão do
Iraque, a
probabi-
lidade de
morrer no
conflito era
dez vezes
maior para
jornalistas
do que
para solda-
dos ame-
ricanos ou
britânicos.

Guerra do Iraque (2003-2011), a proporção foi de um jornalista para cada 30 soldados americanos mortos. Um assombro. Em 2003, o ano da invasão do Iraque, a probabilidade de morrer no conflito era dez vezes maior para jornalistas do que para soldados americanos ou britânicos. É verdade que havia muitos correspondentes cobrindo essa guerra – em 2004, mais de seis mil se credenciaram junto à assessoria de imprensa das forças americanas em Bagdá –, mas isso não explica a alta mortalidade entre esses profissionais. O fato é que os correspondentes, nos conflitos pós-atentados de 2001, se tornaram alvos preferenciais, e não mais simples observadores que os soldados e guerrilheiros do passado aturavam com maior ou menor grau de paciência. A vulnerabilidade dos atuais profissionais da mídia, portanto, é muito mais do que mera percepção. É absolutamente real.

Não se trata de vitimizar os jornalistas ou tratá-los como coitadinhos. A não ser que haja algo muito errado na relação de trabalho com o empregador, ninguém é obrigado a cobrir uma guerra. O importante aqui é que, no momento em que os jornalistas se tornam alvos, fica ameaçada a capacidade de eles reunirem informações essenciais para influenciar a opinião pública sobre o conflito e de monitorar e expor violações de direitos humanos.

As principais organizações internacionais de liberdade de imprensa dedicam-se a fazer estatísticas sobre mortes, prisões e outras formas de ataques a jornalistas. Cada uma tem critérios diferentes para definir quais casos estão relacionados ao trabalho jornalístico ou tinham outra motivação. Por isso, há divergências entre os levantamentos. A ONG Repórteres Sem Fronteiras, com sede em Paris, por exemplo, contabilizou 71 jornalistas mortos no exercício da profissão em 2014. O International News Safety Institute, baseado em Londres, contabilizou 109 mortos, mas incluiu no número também funcioná-rios de apoio, como motoristas. O Comitê para a Proteção dos Jorna-listas (CPJ), com sede em Nova York, tem o dado mais conservador, e aponta 61 mortes no mesmo ano. O levantamento do CPJ é interes-sante porque permite identificar o contexto das mortes e fazer com-parações com anos anteriores. Assim, descobre-se que, entre 1992 e 2000, 21 jornalistas por ano, em média, morreram em combate ou foram assassinados em países em conflito. No período de 2001 a 2014, a média aumentou para 28 por ano.

Nos tópicos a seguir, são analisadas as novas circunstâncias das coberturas de guerra que estão ampliando os riscos para os jornalistas.

A tática do sequestro

Não mais imprescindíveis como mediadores da informação, nos conflitos do século XXI, os profissionais da imprensa passaram a ter um grande valor como moeda de troca ou como protagonistas de pe-ças macabras de propaganda de guerra, a exemplo dos vídeos de jor-nalistas sendo decapitados pelo EI. Na Guerra do Iraque, as milícias locais pagavam 3 mil dólares pela captura de um soldado americano e 2 mil dólares por um jornalista estrangeiro. O EI, que não por acaso nasceu no Iraque, levou essa prática ao extremo, mas não a inventou.

O sequestro como tática política foi muito usado por grupos ter-roristas de esquerda nas décadas de 1960 e 1970 (inclusive no Brasil) e por organizações palestinas. As Farc (Forças Armadas Revolucionárias da Colômbia), uma relíquia da Guerra Fria criada há mais de 50 anos e que depois passou a atuar como braço armado do narcotráfico, recorre ao sequestro, inclusive de jornalistas,[5] tanto como uma fonte de financiamento, por meio da exigência de resgate, como de pressão política.

Um dos primeiros correspondentes internacionais a serem sequestrados no Oriente Médio em uma região de conflito foi Philip Caputo, representante do *Chicago Tribune* em Beirute, em 1973, dois anos antes do início da Guerra Civil Libanesa (1975-1990). Havia, naquele momento, escaramuças entre guerrilheiros palestinos e as autoridades libanesas. Caputo pretendia visitar uma posição do exército que estava atacando um campo de refugiados palestinos. O seu motorista se perdeu e eles vagaram por ruas estreitas de Beirute enquanto escurecia. O motorista achou que no carro eles se tornariam alvos muito fáceis para franco-atiradores ou para uma emboscada e sugeriu que descessem e continuassem a pé. Acabaram, inadvertidamente, indo de encontro a um refúgio fedain,[6] e foram capturados. Caputo tinha dois cartões de visitas de cidadãos israelenses no bolso, além de cerca de 30 números de telefones de Jerusalém e Tel Aviv anotados na agenda, e por isso não conseguia convencer seus captores de que era apenas um jornalista, e não um espião judeu. Durante os seis dias em que o repórter esteve em poder dos guerrilheiros, ele foi submetido a interrogatórios intermináveis, privação de água e tortura psicológica. Não cedeu à pressão para confessar ser o que não era, um espião. Finalmente convencidos de que ele dizia a verdade, os palestinos o entregaram a um diplomata argelino, e ele foi solto.

De maneira geral, a Guerra Civil Libanesa não foi um conflito com restrições severas ao trabalho jornalístico. Os correspondentes tinham acesso aos diferentes grupos armados envolvidos e podiam circular com relativa liberdade. O pior que podia acontecer era ser detido por algumas horas ou levar uns sopapos de algum miliciano fedain. A não ser, como no caso de Caputo, que os combatentes acreditassem haver algum motivo para suspeitar que um jornalista não era apenas o que ele dizia ser. Essa situação mudou com o surgimento do Hezbollah, um grupo xiita financiado pelo Irã na metade final do conflito. O Hezbollah foi criado em um momento da guerra em que os Estados Unidos lideravam uma força de paz no país, aprovada pela ONU, e compartilhava a mesma ideologia anti-Ocidente dos aiatolás iranianos. Para os seus integrantes, um jornalista ocidental era, antes de qualquer coisa, ocidental. Ainda pior para ele se fosse, além de tudo, americano. Entre os que foram sequestrados nesse período estão o francês Jean-Paul Kauffman, entre 1985 e 1988, e o americano Terry Anderson, que ficou nada menos que seis anos e meio em cativeiro, entre 1985 e 1991. Anderson, junto com outros estrangeiros sequestrados, foi libertado apenas depois de intensas negociações do subsecretário-geral da ONU Giandomenico Picco com os captores xiitas.

Apesar de ter antecipado em duas décadas a era dos raptos de jornalistas por radicais islâmicos, o Hezbollah tinha um objetivo distinto do atual: usar os estrangeiros para arrancar concessões políticas das potências ocidentais. Matá-los, tão somente, não atendia aos seus interesses. Foi apenas com o assassinato brutal de Daniel Pearl, do *Wall Street Journal*, em fevereiro de 2002, que se pôde vislumbrar uma nova e tenebrosa fase na relação entre os grupos radicais e os correspondentes.

Pearl foi sequestrado em Karashi, no Paquistão, ao se encontrar, à noite e desacompanhado, com o que pensava ser uma fonte[7] que o levaria para uma entrevista com um líder radical que havia sido professor de Richard Reid, um inglês convertido que tentou explodir um avião com uma bomba no sapato em dezembro de 2001. Pearl foi entregue a extremistas islâmicos ligados à rede terrorista Al-Qaeda e decapitado diante de uma câmera de vídeo apenas nove dias depois. Os sequestradores sequer deram oportunidade à família para tentar uma negociação. O método de execução depois foi emulado por grupos radicais durante a ocupação americana do Iraque e, a partir de 2014, pelo EI na Síria.

Para divulgar a atrocidade, os assassinos de Pearl fizeram chegar uma cópia do vídeo às mãos de diplomatas americanos no Paquistão. A internet já era uma realidade, mas as redes sociais online ainda não eram tão disseminadas a ponto de permitir uma rápida distribuição das imagens sem precisar dos meios convencionais de comunicação. Tanto é assim que, naquela fase, quem primeiro divulgava as mensagens em vídeo de Osama bin Laden, o líder da Al-Qaeda, era a rede de televisão árabe Al Jazeera, do Catar. Os terroristas ainda necessitavam da mídia tradicional para passar seus recados para o mundo.

Nos primeiros anos da ocupação do Iraque pelos Estados Unidos e países aliados, a Al-Qaeda e outros grupos radicais pagavam bem por cada jornalista ou soldado raptado. Com a cabeça a prêmio, e caçados por criminosos comuns interessados em vendê-los a grupos insurgentes e islamistas, muitos jornalistas estrangeiros passaram a se enclausurar em seus hotéis ou apartamentos e a só circular em carros blindados e com escolta – mesmo os que não estavam "embutidos" nas forças americanas (veja adiante o tópico sobre neutralidade). Como resultado, praticamente apenas os funcionários iraquianos, contratados ou não, saíam para a rua em busca de informação. Mas estes também eram visados. Segundo dados do CPJ, 57 jornalistas foram sequestrados no Iraque entre 2004 e 2008, dos quais 23 eram iraquianos. Do total,

35 foram soltos, geralmente mediante resgate. Os outros foram assassinados ou desapareceram.

A Guerra Civil da Síria, iniciada em 2011, inaugurou uma nova onda de raptos e assassinatos de jornalistas. Entre março daquele ano e julho de 2015, nada menos que 90 foram sequestrados no país por diferentes grupos. Entre os estrangeiros, a probabilidade de ser libertado era maior se fossem franceses, italianos, espanhóis... Qualquer nacionalidade, menos americanos, ingleses ou japoneses. Isso porque os governos dos Estados Unidos, do Reino Unido e do Japão se recusavam a pagar os milionários resgates exigidos pelos sequestradores. As autoridades americanas chegaram a ameaçar com processo as famílias de reféns que tentassem negociar diretamente com os grupos radicais sírios. Em junho de 2015, o presidente Barack Obama voltou atrás nessa proibição.

Os fatos indicavam que o governo americano preferia resgatar os reféns à força, o que muitas vezes resultava em tragédia. Em dezembro de 2014, por exemplo, membros de uma força especial dos Estados Unidos entraram no vilarejo de Dafaar, no Iêmen, para libertar o jornalista *freelancer* americano Luke Somers, que era mantido refém junto com o professor sul-africano Pierre Korkie. Apesar de terem matado diversos integrantes da Al-Qaeda, os militares entraram na casa errada e não conseguiram evitar que os captores assassinassem os reféns durante o ataque.

Até meados de 2014, o principal objetivo dos sequestros, inclusive os que haviam sido feitos pelo EI, parecia ser o de angariar recursos com os resgates. Tratava-se de um negócio lucrativo. Segundo um levantamento da jornalista Rukmini Callimachi, do *New York Times*, só a Al-Qaeda angariou 125 milhões de dólares em resgates entre 2008 e 2014. A prioridade do EI mudou quando as forças americanas passaram a bombardear suas posições no Iraque para evitar que o grupo exterminasse os yazidis,[8] uma minoria religiosa, e avançasse sobre o território do Curdistão, no norte do país. Sem valor para resgate, já que o governo dos Estados Unidos se opunha a pagar por ele, o americano James Foley foi decapitado pelo EI – o primeiro de uma série de reféns que tiveram o mesmo destino. Durante os quase dois anos em que permaneceu no cativeiro, segundo relatos de jornalistas europeus que também haviam sido sequestrados, James foi torturado mais de uma vez. Nas sessões, ele chegou a ser dependurado em uma barra de ferro com a cabeça para baixo (método que os agentes de repressão da ditadura militar brasileira chamavam de "pau de arara") e submetido ao afogamento simulado (que consiste em despejar água no rosto da vítima deitada, o que provoca dor intensa e a sensação de sufocamento). O grupo depois divulgou na internet um vídeo mostrando o seu corpo e a cabeça decepada, no que se tornaria uma prática recorrente, parte de uma estratégia exitosa de propaganda, como veremos no próximo tópico. Quatro meses depois, descobriu-se que os assassinos de James Foley estavam tentando vender o corpo do jornalista para a família por 1 milhão de dólares.

A internet é de todos

Em maio de 2015, depois de uma sequência de cerca de dez ataques com motoristas suicidas em carros-bomba, algumas centenas de combatentes do EI tomaram Ramadi, uma das principais cidades iraquianas. Quando os atentados começaram, as tropas do exército iraquiano abandonaram seus quartéis e fugiram da cidade em 200 carros de combate. O comboio em fuga foi filmado por cidadãos comuns com seus celulares, incrédulos com o gesto de abandono (25 mil civis também deixaram a cidade, em pânico). O ato de covardia dos militares iraquianos, que foram treinados e fortemente armados pelas forças americanas, foi o resultado da mais eficiente arma nos conflitos da atualidade: o controle da informação. Os soldados tiveram medo, apesar de estarem em maior número, por causa da fama de brutalidade que os combatentes do EI adquiriram para si.

O EI criou o hábito de, depois de conquistar uma cidade ou vilarejo, fazer uma triagem de quem seria executado ou poupado – segundo seus próprios critérios de religião, etnia, posição social ou profissão. Funcionários públicos, policiais e militares eram os mais visados. As cabeças dos homens mortos eram espetadas em cercas ou pedaços de pau e expostas na praça. Algumas vítimas eram crucificadas em público. Tão logo tinham o domínio da localidade, o grupo instituía sua versão das leis islâmicas, o que incluía a prática de atirar homossexuais do prédio ou torre mais alta disponível e o apedrejamento para certos "crimes" sociais, como o adultério. Em Ramadi, noticiou-se que a filha de 3 anos de idade de um militar foi assassinada. Tudo isso costumava ser registrado pelos próprios integrantes do EI em vídeo ou fotos para posterior divulgação na internet. Pelas redes sociais ou pelas mensagens de celular, essas horríveis cenas chegavam facilmente à maioria dos cidadãos iraquianos.

Nas guerras das primeiras décadas do século XXI, o controle psicológico da população é mais importante do que o controle territorial. A tática de espalhar o terror tem esse propósito – e também o de enfraquecer a disposição do inimigo de lutar. Uma tropa sem freios morais é vista como invencível. E, diante de uma ameaça assim, soldados comuns optam pela sobrevivência, a não ser que estejam defendendo a própria família ou clã. Essa é a razão pela qual as forças que conseguiam fazer frente ao EI eram geralmente os peshmergas, uma milícia curda do norte do Iraque, e grupos armados xiitas (facção islâmica cujos integrantes estavam entre os primeiros a serem eliminados pelo Estado Islâmico, de orientação sunita). Para esses grupos, o avanço do EI representava uma ameaça existencial. As opções estavam entre lutar e ser extinto.

Para grupos terroristas como o EI, cujo poder não tem legitimidade diante da comunidade de nações, só há uma maneira de vencer além de lutar: controlando a forma como seus combatentes, suas táticas, sua força e seus objetivos são representados. O EI o fazia com um aparato de comunicação nunca antes usado por um grupo terrorista. As mensagens divulgadas nas redes sociais e páginas jihadistas na internet se mostravam coerentes com a ideologia do grupo, um sinal de que eram escritas com cuidado. As fotos eram manipuladas digitalmente para ampliar a dramaticidade dos "feitos" militares. Seus vídeos, especialmente, eram produzidos com profissionalismo. Algumas execuções de reféns foram filmadas de maneira coreografada, utilizando-se de várias câmeras e de bons recursos de captação de áudio. As edições eram feitas de modo a mostrar os assassinos como superiores fisicamente e os reféns como vítimas resignadas, abusando-se sempre de efeitos especiais. Alguns especialistas dizem que a decapitação de 21 egípcios coptas (pertencentes a uma vertente minoritária do cristianismo) pelo EI na Líbia, em fevereiro de 2015, por exemplo, foi feita em estúdio.

Dadas as possibilidades tecnológicas, forças irregulares ou atores não estatais como o EI ou o Boko Haram,[9] da Nigéria, sentem que não precisam da imprensa tradicional para espalhar o terror e, dessa forma, exercer o controle psicológico da população ou fazer a demonstração de força de que necessitam para angariar novos voluntários. Eles passaram a ser capazes de produzir e difundir suas próprias peças de propaganda de guerra para milhões de pessoas, sem mediadores.

No século XX, quando um grupo terrorista como o IRA (Exército Republicano Irlandês, na sigla em inglês), por exemplo, colocava uma bomba no centro de uma cidade, seus integrantes podiam apenas torcer para que a imprensa desse ampla cobertura ao estrago causado. A era da internet, dos *smartphones* e de outros equipamentos de áudio e imagem baratos e eficientes permite que os terroristas façam a cobertura "jornalística" dos próprios crimes. Isso não significa que eles desprezam o valor de ter seus "feitos" divulgados pela imprensa mundial em programas de TV, jornais, revistas e agências ou sites de notícia. Isso ainda é importante, porque amplia o alcance e dá um ar de legitimidade internacional aos atos de um grupo. Tanto que os integrantes do EI se esforçavam para criar métodos cada vez mais inesperados e cruéis de execução para pautar a imprensa mundial, ou seja, para garantir que seus vídeos e fotos continuassem sendo mostrados para o grande público. Além de decapitações, o EI já queimou um piloto vivo e mergulhou uma jaula com cinco prisioneiros iraquianos em uma piscina para afogá-los, tudo diante das câmeras.

A parte da imprensa considerada inútil para os terroristas é aquela formada pelos profissionais que se aventuram nas áreas de conflito para colher, em primeira mão, os relatos da guerra e para observar e relatar os combates de perto. O que fazer, então, com esses seres – os correspondentes de guerra – agora descartáveis? Os terroristas descobriram um destino lucrativo para eles: sequestrá-los para trocá-los por dinheiro ou para usá-los como protagonistas de suas macabras peças de propaganda. Afinal, pelo fato de os jornalistas serem vistos nas democracias ocidentais como civis inocentes e abnegados (e também por causa de certo corporativismo da imprensa), a notícia de seu assassinato nas mãos de um grupo como o EI ganha uma repercussão maior do que, digamos, a de um ativista ou um funcionário de uma ONG humanitária.

Podemos chamar soldados ou guerrilheiros que produzem e divulgam informações sem intermediários de combatentes-jornalistas (diferentes do correspondente-combatente, que é o jornalista que pega em armas). Eles são parte de um fenômeno maior da era da informação, em que o público se enxerga cada vez menos como audiência e mais como produtor de conteúdo.[10] Isso enfraquece a voz e a autoridade dos jornalistas profissionais – e também a percepção que os combatentes têm deles. O principal expoente dessa tendência é o jornalista-cidadão, basicamente qualquer pessoa que se põe a noticiar os fatos em um blog ou que por acaso se vê diante de um fato de interesse jornalístico e, munido com um celular com câmera, registra tudo e compartilha nas redes sociais ou no YouTube.

A existência dos jornalistas-cidadãos é positiva, porque multiplica as chances de que um fato relevante venha a público. Não fossem as imagens feitas por um manifestante com seu celular, o mundo dificilmente teria ficado sabendo do assassinato da jovem iraniana Neda Agha Soltan, morta com um tiro disparado por um miliciano prógoverno durante um protesto da chamada Revolução Verde, em Teerã, contra fraudes eleitorais, em 20 de junho de 2009. Tampouco se teria conhecimento das torturas na prisão de Abu Ghraib, no Iraque, em 2003, registradas nos celulares dos próprios guardas americanos que as praticavam. Há, porém, dois efeitos negativos do fenômeno dos jornalistas-cidadãos. O primeiro é que ele pressiona os correspondentes a correr mais riscos. Imagine um fotojornalista cuja missão era documentar os protestos populares na Praça Tahrir, em 2011, no Cairo. No auge da Primavera Árabe egípcia, ele estaria concorrendo, na busca por imagens, com 2 milhões de manifestantes munidos com celulares. Ele teria que se aventurar mais e chegar mais perto dos confrontos entre a polícia e os manifestantes, por exemplo, para fazer registros tão dramáticos e autênticos quanto os que os próprios cidadãos eram capazes de fazer. O segundo efeito é a dificuldade de se confirmar a veracidade do que é compartilhado nas redes sociais. Um exemplo é a história de Rehana, uma combatente curda que teria matado 100 terroristas do EI, na Síria, em 2014, e depois teria sido capturada e decapitada pelo grupo. A foto da jovem mulher e essa versão dos fatos circulou na internet durante meses e foi inclusive reproduzida em jornais, até que se descobriu que ela estava viva e que seu nome e a história das 100 mortes eram invenções de um blogueiro indiano.

O jornalismo profissional vive um dilema ético: ignorar o material de divulgação produzido por grupos criminosos, para não lhes dar publicidade, ou render-se ao dever de informar os fatos. Quanto aos registros e informações vindos de cidadãos comuns, a questão é mais fácil de resolver. As empresas de comunicação acabaram incorporando o conteúdo produzido por testemunhas, criando até canais próprios para isso, como o iReport, da rede de TV americana CNN. Faça um exercício: entre em qualquer página de veículo de comunicação, clique nas reportagens e conte quantas são ilustradas por fotos tiradas da internet. Certamente, muitas das imagens disponíveis ali foram primeiro publicadas no Twitter, no Facebook, em blogs ou foram "capturadas" de vídeos no YouTube.

Esses dilemas começaram a aparecer na Guerra do Kosovo (1999), um dos conflitos que se desenrolaram na década de 1990 no território da ex-Iugoslávia, e que é considerado o primeiro conflito da era da internet. As novas tecnologias permitiam aos jornalistas informar quase em tempo real o que estava acontecendo, o que foi visto com grande preocupação por todos os lados combatentes, porque isso dava ao inimigo dados táticos valiosos. A certa altura do conflito, quase todos os jornalistas estrangeiros foram expulsos do palco dos acontecimentos pelas forças sérvias, que os consideravam nada mais, nada menos do que um apêndice das forças da Otan (Organização do Tratado do Atlântico Norte, a aliança militar do Ocidente). O vácuo de informações foi preenchido tanto pelas forças sérvias e por seus apoiadores quanto pela própria Otan, todos se utilizando da internet para divulgar a sua versão oficial dos fatos diretamente para o grande público. Quanta diferença para as guerras de décadas anteriores, quando os generais tentavam transmitir o que lhes interessava que o público soubesse sobre a guerra por meio dos jornalistas.

Além da possibilidade de se comunicar sem intermediários com as massas, a primeira guerra da era da internet deixou mais uma lição para os comandantes militares: a de que, quanto mais as novas tecnologias facilitavam o trabalho dos jornalistas e mais imediata se tornava a divulgação das notícias, menos neutros para o esforço de guerra os correspondentes eram. Com isso, se não podiam ser controlados, os jornalistas passaram a ser alvos.

O fim da aura de neutralidade

Desde os atentados de 11 de setembro de 2001, quando os Estados Unidos declararam guerra ao terror, há duas maneiras de cobrir um conflito com participação americana: *embedded* (que alguns traduzem livremente como "embutido"), acompanhando um exército, e independente (os "unilaterais", na denominação das forças americanas). Os jornalistas *embedded* têm a vantagem de contar com a infraestrutura militar americana para chegar com segurança até os locais de ação, mas precisam obedecer a um código de conduta que inclui não divulgar informações que possam pôr em risco a tropa ou auxiliar o inimigo. O conceito é vago, e em certas circunstâncias até a divulgação de uma foto ou entrevista com um prisioneiro ou de abusos contra civis cometidos pelos soldados pode ser interpretada como um ato de traição. Os *embedded* também não podem sair da saia dos militares, o que dificulta enormemente saber o que está se passando com a população. Já os unilaterais são todos aqueles não atrelados às forças armadas. Eles têm a vantagem de poder circular entre a população, de entrevistar líderes de diferentes facções e até de comparecer às coletivas de imprensa do exército americano. Mas têm de fazer tudo isso por sua conta e risco.

Os correspondentes de guerra da atualidade não são menos imparciais do que os do século XX. Os jornalistas do passado com muita frequência torciam para um lado ou outro do conflito, às vezes escancaradamente. Talvez seja até justo dizer que os das primeiras décadas do século XXI se sintam mais à vontade para criticar *todas* as forças envolvidas em uma guerra. E, ao contrário do que os nostálgicos dizem, nem mesmo os maiores correspondentes do século passado tinham liberdade para testemunhar o que acontecia com os diversos lados de um conflito. Na Segunda Guerra Mundial, por exemplo, foram raros os que cruzaram a linha inimiga. Atualmente, isso é muito mais comum, a não ser que o jornalista esteja *embedded*. Exatamente por essa razão, os jornalistas acabam sendo vistos com mais suspeitas, em qualquer situação. Se eles estiverem *embedded* (e, portanto, proibidos de sair a campo sem estar acompanhados de soldados), terão a neutralidade colocada em dúvida por motivos óbvios. "A figura dos *embedded* viciou a imagem que agentes não estatais têm dos jornalistas", avalia Fábio Zanini, editor da seção Mundo da *Folha de S.Paulo* entre 2010 e 2015.

Por outro lado, se estiverem sozinhos, os correspondentes terão trabalho para provar que não são espiões. Afinal, há muito os serviços secretos dos governos descobriram que o disfarce de jornalista é relativamente eficiente. A confirmação de que a CIA tem autorização para recrutar jornalistas estrangeiros foi feita em 1996 em uma audiência da Comissão de Inteligência do senado americano. Essa prática apenas reforça a convicção de muitos combatentes de que os jornalistas não passam de agentes governamentais, colocando em risco os verdadeiros correspondentes.

Os unilaterais são vistos com desconfiança também por exércitos regulares, tanto pela suspeita de que são espiões a serviço do inimigo, como pelo risco de que revelem informações que os militares não querem que venham a público. Essa pode ter sido a razão para o bombardeio da filial em Bagdá da TV Al Jazeera, percebida como crítica à Guerra no Iraque, em 2003, pela coalizão comandada pelos Estados Unidos. A explicação oficial dos militares americanos logo após o episódio se resumiu a reforçar a ideia de que zonas de guerra são lugares muito perigosos e que a única opção segura para os jornalistas era estar *embedded* com as tropas da coalizão.

O ataque à Al Jazeera – que, como revelaram depoimentos e documentos do governo britânico anos depois, não foi acidental – tinha precedentes. Durante a Guerra do Kosovo, incomodada com as cenas de vítimas civis dos bombardeios ocidentais divulgadas por emissoras sérvias, a Otan colocou seus caças para atacar estúdios de rádio e televisão estatais locais (em um deles, da RTS, houve 16 jornalistas mortos). O argumento do porta-voz da Otan era o de que "a RTS não é imprensa. Está cheia de funcionários do governo que são pagos para produzir propaganda e mentiras". Mentiras ou não, o fato é que a Otan atacou deliberadamente jornalistas – civis, portanto. Um pesquisador da Universidade de Boston, nos Estados Unidos, fez uma análise certeira desses ataques: "Há muitos governos ao redor do mundo que ficaram muito felizes agora que a Otan disse que é legítimo atacar jornalistas. E eles vão fazer o mesmo no futuro."[11]

A lentidão diplomática

Em 11 de setembro de 2012, aniversário de 11 anos dos atentados terroristas da Al-Qaeda nos Estados Unidos, uma multidão enfurecida atacou a embaixada americana no Cairo, no Egito. O protesto violento devia-se a um vídeo de 14 minutos, supostamente o trailer de um filme longa-metragem, que retratava Maomé, o profeta dos muçulmanos, como um maníaco sexual. O vídeo estava disponível no YouTube, e ninguém havia dado muita atenção a ele até que islamistas egípcios fizeram uma tradução falsificada de seus diálogos (o tal profeta se chama originalmente "George" no filmete, mas foi traduzido como "Maomé") e espalharam o rumor, pela internet e por mensagens de celular, de que se tratava de um novo lançamento de Hollywood. Um canal de televisão egípcio imediatamente reproduziu a "notícia" e prontamente os líderes radicais ganharam mais uma justificativa para incitar o ódio aos Estados Unidos. Na realidade, como se descobriu depois, não havia longa-metragem nenhum. O vídeo era apenas uma produção de fundo de quintal paga por um cristão egípcio radicado em Los Angeles, e era exibido somente na internet. A diplomacia americana, porém, não esperou para ter mais informações sobre o caso antes de se manifestar e foi logo pedindo desculpas. Em sua conta no Twitter, a embaixada americana no Cairo, em vez de condenar a violência dos manifestantes, criticou o (até então desconhecido) autor do vídeo pelo "abuso da liberdade de expressão". Mais tarde, no mesmo dia, terroristas islâmicos misturados a manifestantes atacaram e incendiaram o consulado americano em Bengasi, na Líbia, matando o embaixador Christopher Stevens e outros três americanos (dois deles em um escritório da CIA situado a 1 km dali). O governo americano ainda levou uma semana insistindo na tática de pôr a culpa no autor do vídeo até que, finalmente, o presidente Barack Obama classificou o ataque ao consulado como um ato de terrorismo.

A reação inicial da diplomacia aos ataques às representações diplomáticas no Egito e na Líbia foi um desastre, porque legitimou a motivação dos agressores. Em outros tempos, os diplomatas teriam mais tempo – talvez um ou dois dias, pelo menos – para colher as informações necessárias, analisar a situação e preparar uma resposta coerente ao episódio. Na era da internet, isso não é mais possível. As notícias e suas versões – verdadeiras ou não – espalham-se e modificam-se em tempo real, e os governos se veem obrigados a elaborar suas políticas no mesmo ritmo. "Agora, as fontes de informação são tão dispersas e numerosas que os governos, ao tentar se manter atualizados, sem possuir os meios para digerir e julgar as informações, acabam adotando políticas hesitantes e reativas", escreveu Philip Seib no livro *Real-Time Diplomacy*. Seib observa que há uma incompatibilidade entre velocidade e diplomacia. Esta, para ser eficiente, exige tempo para que as partes conversem e entendam as razões uma da outra para, só então, responder com cautela aos desafios.

A pressão sobre os mecanismos de decisão governamentais começou a aumentar ainda no século XX, com o advento do rádio e, mais recentemente, com os canais de televisão especializados em notícias. Já na década de 1990, era mais provável que os diplomatas ficassem sabendo de um acontecimento relevante ao assistir às transmissões ao vivo de redes como a britânica BBC e a americana CNN do que pelos canais oficiais. Como consequência, em períodos de guerra, tornou-se mais eficiente silenciar os jornalistas do que refazer as decisões políticas frente às informações que eles divulgavam.

Reportagens de TV como as que a correspondente da CNN Christiane Amanpour fazia do cerco a Sarajevo, durante a Guerra da Bósnia (1992-1995), foram as grandes responsáveis por dar às forças sérvias a convicção, primeiro, de que os jornalistas ocidentais estavam a favor do inimigo e, segundo, de que eles eram uma ameaça e, portanto, deviam ser eliminados. O jornalista brasileiro Fábio Altman cobriu o cerco a Sarajevo quando era correspondente da revista *Veja* em Paris. "Depois de uma tensa entrada na cidade, em que o carro que eu havia alugado, e onde viajavam também o repórter da *Folha de S.Paulo* Leão Serva e o fotógrafo francês Luc Delahaye,[12] teve de atravessar cruzamentos sob intenso tiroteio, chegamos finalmente ao hotel Holiday Inn, que alojava a maioria dos jornalistas reunidos na cidade", conta Fábio. Do hotel se podiam avistar as montanhas que circundam Sarajevo. Os atiradores sérvios instalados nas montanhas, por sua vez, tinham uma vista privilegiada do hotel, que sabiam estar cheio de jornalistas. As luzes do estabelecimento passavam a maior parte do tempo apagadas. Logo que se instalou em seu quarto, Fábio ligou o seu notebook. Em seguida, um dos hóspedes bateu à sua porta, dizendo que desligasse o aparelho ou trabalhasse atrás da cama, escondido, porque a luz do monitor poderia indicar para os *snipers* sérvios onde havia um jornalista para matar.

Na era das transmissões ao vivo – principalmente a partir da Guerra da Bósnia, que atraiu uma grande quantidade de jornalistas atuando fora do escudo de um exército –, os jornalistas se tornaram alvos preferenciais porque passou a ser quase impossível censurá-los e muito menos ter um sistema de decisão política rápido o suficiente para influenciar o noticiário.

Na era da internet, essa tendência ficou ainda mais evidente. Se uma bomba israelense cai em uma escola na Faixa de Gaza, por exemplo, os fotógrafos e cinegrafistas conseguem registrar os efeitos da destruição e enviar as imagens para suas agências, jornais ou emissoras em questão de minutos. Foi exatamente o que aconteceu em 3 de agosto de 2014, durante o enfrentamento entre Israel e o Hamas, grupo radical palestino que governa Gaza. Poucas horas depois, no mesmo dia, o secretário-geral da ONU Ban Ki-moon e o governo americano criticaram o ataque – um tempo extremamente curto para os padrões diplomáticos, e que sequer permite reunir e analisar as informações para entender as circunstâncias da tragédia. Episódios como esse demonstram quanto a rapidez da cobertura de guerras pode colocar pressão sobre as partes envolvidas em um conflito e, consequentemente, influenciar o rumo dos acontecimentos.

No passado, mesmo que um correspondente demonstrasse ter uma preferência clara por um ou outro lado de um conflito, era mais fácil tratá-lo como neutro se tivesse pouca capacidade de influenciar nos rumos da guerra. Na era da informação, mesmo que tente ser imparcial, o que um jornalista relata, fotografa ou filma tem mais potencial para prejudicar os esforços de guerra das forças envolvidas. Não é à toa que, para muitos combatentes, o jornalista que não pode ser manipulado é melhor fora de ação... ou morto.

A banalização do terror

Uma discussão atual tanto em faculdades de comunicação como em redações é quanto o público – leitores, espectadores – está imunizado contra imagens fortes que retratam o sofrimento alheio, dada a profusão desse tipo de material não só na imprensa tradicional, mas principalmente na internet. Há quem fale em *war porn* ("pornografia de guerra"), uma apropriação antiga, que remonta ao período entre as duas guerras mundiais, do termo originalmente usado para designar a representação excessiva, desumanizada, do ato sexual. Uma possibilidade é que a superexposição a cenas de corpos mutilados, dor e destruição impeça o espectador de criar empatia com o ser humano retratado. Os defensores dessa tese costumam citar o livro *Sobre fotografia* (1977), de Susan Sontag, em que a ensaísta americana sugere que a exposição crescente a imagens violentas anestesia os espectadores. A própria autora, no entanto, em um livro mais recente, *Diante da dor dos outros* (2003), conclui que se tornou desgastada a ideia de que as fotos de atrocidades falham em seu intuito de causar empatia.

Antes da era digital, os editores filtravam a maior parte do material produzido por fotojornalistas e cinegrafistas nas áreas de conflito. Muitas imagens jamais foram levadas a público, por terem sido consideradas horripilantes ou grotescas demais – para a frustração dos

68
Correspondente
de guerra

fotógrafos, que sentem uma obrigação moral de conseguir denunciar para o mundo a situação das vítimas de guerra. Outras fotos foram mostradas fora de foco ou manipuladas graficamente para esconder a pior parte. Temia-se (e essa preocupação continua existindo nas mesas dos editores de fotografia) que o leitor ou espectador pudesse se sentir ofendido ou chocado a ponto de mudar de canal ou até cancelar a assinatura do jornal.

Atualmente, é preciso filtrar não só o que é produzido por profissionais, mas muito do que é divulgado na internet por cidadãos comuns ou pelos próprios combatentes. A divisão de propaganda do EI, por exemplo, retratava o sofrimento das pessoas de forma a desumanizá-las e a transformá-las, diante das lentes, em meros objetos. Essa é, justamente, a preocupação que os críticos da chamada "pornografia de guerra" propagam quando falam do trabalho de fotógrafos profissionais. Uma injustiça, já que muitos deles se destacam exatamente por serem capazes de mostrar o sofrimento das pessoas de forma digna, ao contrário do que fazem os combatentes-jornalistas, que gravam e manipulam as imagens, de modo a mostrar a si próprios como poderosos, invencíveis, e às vítimas como seres submissos, conformados com seu destino.

O grande público tem dificuldade de discernir, entre todas as imagens que chegam a ele, o que é material de propaganda de guerra do que foi produzido por jornalistas profissionais. Além disso, como a audiência se acostumou a ver imagens e relatos de atrocidades praticamente em tempo real, os jornalistas se sentem cada vez mais na obrigação de concorrer com a produção amadora de imagens violentas. Isso empurra os correspondentes de guerra para mais perto do perigo ou, o que é pior, faz alguns fotógrafos caírem na tentação de também manipular as imagens, para obter um resultado mais dramático e com mais ação. Como resultado, acabam contribuindo para a percepção de que a neutralidade jornalística não passa de uma farsa – o que apenas aumenta a hostilidade de civis e combatentes contra jornalistas.

As novas relações de trabalho

As tecnologias digitais facilitaram muito o trabalho dos correspondentes de guerra – e também o de seus editores. Com um pouco de pesquisa na internet, meia dúzia de cliques em redes sociais online específicas para jornalistas e algumas ligações para telefones celulares é possível contratar em questão de minutos um profissional *freelancer* bem recomendado para cobrir qualquer evento em qualquer parte do mundo. Também ficou mais fácil, mais rápido e mais barato para as empresas de comunicação enviar um de seus próprios funcionários para testemunhar e relatar conflitos no exterior.

A transmissão da notícia ficou mais rápida e fácil. Se antes os fotógrafos tinham que enviar seus rolos de filme para a redação por avião (muitas vezes contando com a boa vontade de passageiros comuns), por exemplo, ou gastar horas para transmitir as imagens valendo-se de pesados equipamentos acoplados ao telefone, a partir dos anos 2000 tornou-se elementar fazê-lo pela internet. Basta ter um notebook e uma conexão razoável – o que até nas piores zonas de conflito é possível encontrar – ou um equipamento de banda larga por satélite. Com isso, caiu por terra um dos principais fatores que inibiam, no século passado, a decisão de manter um correspondente em meio a uma guerra: a impossibilidade de enviar os relatos por causa da precariedade da comunicação ou dos meios de transporte. Do ponto de vista da qualidade e da velocidade do trabalho (mas não das condições de segurança), passou a valer mais a pena, para os jornalistas, entrar em áreas perigosas.

A combinação de todos esses fatores trouxe pelo menos três consequências para a segurança dos jornalistas. A primeira é que se passou a exigir uma produção maior e mais frequente dos correspondentes (claro que alguns profissionais conseguem fugir à regra). A pressão para enviar imagens e relatos diariamente, às vezes mais de uma vez por dia e instantaneamente, dá menos tranquilidade para se avaliar os riscos e tomar decisões ponderadas sobre a cobertura. A segunda consequência é que, além de profissionais treinados, as guerras da atualidade passaram a atrair uma grande quantidade de aspirantes a jornalistas, muitos sem qualquer vínculo com empresas de comunicação, e de aventureiros que se dizem repórteres ou fotógrafos para ganhar notoriedade em seus países de origem. Esses novatos ou jornalistas-ativistas não só colocam a si próprios em risco pela inexperiência e falta de recursos para exercer um trabalho jornalístico, como também trazem perigo para os outros profissionais, expondo-os em comentários e fotos no Facebook ou comportando-se de maneira a prejudicar a neutralidade com a qual os jornalistas pretendem ser vistos pela população.

A terceira consequência da facilidade de se chegar a um conflito e de relatá-lo e registrá-lo com rapidez, usando as novas tecnologias, é a modificação nas relações de trabalho entre os veículos de comunicação e os jornalistas. Diante de um mercado que vive uma revolução, enfrenta a concorrência de novas mídias e vê uma queda nas receitas, muitas empresas encontraram formas de cortar os custos com a cobertura de guerra. Primeiro, substituíram-se os jornalistas contratados por *freelancers*, que são pagos por *assignment*, ou seja, por missão ou viagem. Depois, os *freelancers* foram trocados por *stringers*, jornalistas nativos ou estrangeiros baseados no local da cobertura que contribuem regularmente para um veículo de comunicação, mas são pagos por produção (foto ou artigo publicado, por exemplo). As agências de fotos quase já não contratam mais fotógrafos novos e sequer enviam *freelancers* para coberturas específicas. Quando precisam de registros de determinado acontecimento, pagam, digamos, 100 dólares por dez fotos feitas por um *stringer*. Por viverem no local de conflito, os *stringers* se expõem por mais tempo às situações de perigo, além de muitas vezes serem vistos com reservas pelos grupos combatentes por darem informações a publicações e agências estrangeiras. A repórter e colunista Adriana Carranca, de *O Estado de S. Paulo* e *O Globo*, conta, por exemplo, que um *stringer* que lhe serviu de tradutor no Vale do Swat, no Paquistão, foi posteriormente torturado – talvez por integrantes do Talibã, talvez por integrantes do serviço secreto do país – por ter passado informações para o jornal *The New York Times* sobre um atentado terrorista.

A mentalidade jihadista

Em 19 de novembro de 2001, pouco mais de um mês depois do início da Guerra no Afeganistão, dois carros sem escolta no qual viajavam Maria Grazia Cutuli, do jornal italiano *Corriere della Sera*, Julio Fuentes, do espanhol *El Mundo*, e o cinegrafista australiano Harry Burton e o fotógrafo afegão Aziz Haidari, ambos da agência Reuters,

72
Correspondente
de guerra

foram parados por integrantes do Talibã na estrada entre Jalalabad e a capital Cabul. Depois de dispensar os motoristas e os tradutores, o bando espancou, apedrejou e por fim executou com tiros de AK-47 (Kalashnikov) os quatro jornalistas. "Vocês acham que é o fim do Talibã?! Estamos aqui", gritavam os milicianos.

Nas guerras que envolvem potências ocidentais, as milícias armadas ou grupos terroristas só são atacados por terra em último caso. A norma é o uso de bombardeios feitos por caças e, cada vez mais, por drones, os aviões não tripulados. Dá para imaginar a frustração dos combatentes por saber que podem ser aniquilados sem nunca lutar ou ver a face do inimigo. Os jornalistas e outros civis, em geral funcionários de organizações humanitárias, são, muitas vezes, os únicos cidadãos dos países inimigos que esses combatentes têm a chance de encontrar numa zona de guerra.

Os ataques de grupos radicais islâmicos como a Al-Qaeda no Paquistão e no Iêmen, o Talibã no Afeganistão, o EI no Iraque, na Síria, no Egito, na Líbia e na Tunísia, e o Boko Haram na Nigéria, entre outros, contra jornalistas não são, obviamente, meras vinganças pelas bombas dos drones. Esses grupos estão em guerra total contra o Ocidente (na retórica deles, na verdade enfrentam uma cruzada do Ocidente contra o Islã). Há também uma diferença crucial entre os dogmas religiosos da Al-Qaeda e os de grupos radicais surgidos posteriormente, como o EI. A Al-Qaeda, pelo menos enquanto o seu líder Osama bin Laden estava vivo,[13] via a guerra com o Ocidente como um enfrentamento de longo prazo, ao final do qual, com os muçulmanos vitoriosos, aconteceria o tão esperado apocalipse. Para o EI, o apocalipse é um fato imediato, e o Ocidente tem de ser derrotado aqui e agora. Não há tempo para reivindicações, para política ou para diplomacia. Quem se opõe ao seu avanço deve ser destruído, e isso vale para toda e qualquer instituição ou valor ocidental – na qual se inclui a imprensa e a liberdade de expressão. Por isso, os radicais islâmicos não miram apenas nos jornalistas que batem às portas da guerra no Oriente Médio, na Ásia e na África. Como já demonstraram no massacre na redação da revista satírica *Charlie Hebdo*, em Paris, na França, em janeiro de 2015, em que morreram 12 pessoas, eles pretendem ir até o coração do Ocidente para matar jornalistas.

Notas

[1] Segundo o Comitê para a Proteção dos Jornalistas (CPJ), 23 profissionais morreram em combate ou em fogo cruzado em 2014. No mesmo ano, 14 foram assassinados em áreas de conflito (Guiné, Somália, Líbia, Iêmen, Síria, Ucrânia e Paquistão).

[2] O grupo se apresentou, inicialmente, como Estado Islâmico do Iraque e da Síria (Isis, na sigla em inglês, e Daesh, em árabe) e depois, para demonstrar sua meta de expandir-se territorialmente, autodenominou-se apenas Estado Islâmico (EI) ou, simplesmente, o Califado. O Estado Islâmico é uma dissidência do grupo terrorista Al-Qaeda.

[3] Os bengalis são um grupo étnico de maioria muçulmana e língua própria, originários do atual território de Bangladesh e alguns estados da Índia.

[4] Indianos muçulmanos de fala urdu.

[5] Em 2012, o jornalista francês Romeo Langlois passou um mês num cativeiro das Farc na selva colombiana.

[6] Milícia armada palestina.

[7] No jargão jornalístico, uma pessoa que fornece informações ou contatos a um jornalista.

[8] Curdos étnicos cuja fé mistura elementos do zoroastrismo, do islamismo e do cristianismo. Por acreditarem em um anjo em forma de pavão, são considerados adoradores de satã pelos integrantes do Estado Islâmico. Estima-se em 600 mil pessoas a população mundial de yazidis.

[9] Grupo jihadista que declarou filiação ao Estado Islâmico em 2014. *Boko Haram* significa "falsidade é pecado" na língua hauçá.

[10] O outro lado dessa moeda é que todos aqueles que se veem como produtores independentes de informação, os tais "jornalistas-cidadãos", continuam dependendo e se alimentando do material feito pelas mídias tradicionais.

[11] Robert Leavitt, citado por Foerstel, *Killing the Messenger*.

[12] De quem, aliás, Christiane Amanpour era namorada.

[13] Bin Laden foi morto em seu esconderijo no Paquistão por forças especiais americanas em maio de 2011.

Katyushas, prisões e camisas da Seleção

Os correspondentes de guerra são uma raridade no jornalismo brasileiro. É fácil entender o porquê. O país está distante das principais regiões conflagradas do mundo e desde a Segunda Guerra Mundial não se envolve militarmente em um conflito externo, a não ser no papel de força de paz. Por motivo inverso, os jornalistas americanos são onipresentes nas coberturas de guerra. Além de ter um mercado de comunicação pujante, altamente competitivo, os Estados Unidos são uma superpotência que, quando não está envolvida em um conflito por interesse próprio, frequentemente é chamada a usar sua força militar para evitar desastres humanitários. Outros países, como a Inglaterra, a França e a Alemanha, ganharam tradição em cobertura de guerra no tempo em que eram potências coloniais, e isso se manteve desde então.

Historicamente, como seria de se esperar, o interesse das publicações brasileiras em ter observadores *in loco* nos conflitos é proporcio-

76

Correspondente
de guerra

nal à participação de tropas brasileiras. Como não faltaram revoltas e conflitos internos nos tempos do Império, podem-se encontrar crônicas de guerra nos jornais brasileiros desde as primeiras décadas do século XIX. Basta dizer que o jornal oficial da Revolução Farroupilha (1835-1845), *O Povo,* teve como editor o italiano Luigi Rossetti, parceiro de batalhas do conterrâneo Giuseppe Garibaldi. Mas foi na Guerra do Paraguai (1864-1870) que surgiram os primeiros correspondentes de guerra brasileiros propriamente ditos, geralmente oficiais que participavam do esforço de guerra e enviavam seus relatos para publicações como o *Jornal do Commercio,* do Rio de Janeiro. Ainda mais notável é a qualidade do registro fotográfico, que rivaliza com a da (quase) simultânea Guerra Civil Americana. A grande maioria das imagens era de retratos de militares para venda avulsa ou em álbuns, mas a proximidade com o *front* levou os fotógrafos que acompanhavam as tropas a fazer algo mais próximo do jornalismo, registrando também o ambiente dos acampamentos, crianças paraguaias amputadas e até a morte e a destruição após as batalhas. A imprensa ilustrada brasileira reproduzia as cenas em suas páginas por meio de litografias, gravuras copiadas das fotos originais. O fotógrafo Carlos Cesar, do Rio de Janeiro, foi um dos brasileiros que registraram a vida nos acampamentos e os efeitos das batalhas.

Os relatos de guerra mais bem-sucedidos do período do Império e, pode-se afirmar com segurança, de toda a história brasileira, porque são lidos até hoje, foram os da Guerra de Canudos (1896-1897). As "correspondências" do enviado especial Euclides da Cunha para *O Estado de S. Paulo* eram inconstantes e chegavam com atraso nas mãos dos leitores. Apenas sete dos artigos publicados foram feitos com base no seu testemunho ocular das tentativas das tropas de esmagar o arraial de Antônio Conselheiro, na Bahia. Mas o trabalho de observação do correspondente e muito do que ele não utilizou nas reportagens rendeu, posteriormente, a obra-prima *Os Sertões*. Euclides é o mais famoso enviado a Canudos, mas não foi o único. Todos os principais jornais do Brasil enviaram jornalistas para cobrir o conflito. Os editores davam preferência para militares, confiando que teriam melhores conhecimentos técnicos para a tarefa. O próprio Euclides era tenente, ainda que reformado. Manuel Benício, do *Jornal do Commercio*, tinha formação militar e uma experiência anterior em cobertura de guerra, na Revolta da Armada, em 1893, para o jornal gaúcho *O Tempo*. Três anos antes de *Os Sertões*, Benício publicou seu próprio livro sobre Canudos, *O Rei dos Jagunços*, também muito interessante. Para acompanhar as tropas como correspondente, recebeu a patente de capitão-honorário, o que lhe permitia ir à linha de frente armado com um mosquetão. Os jornalistas nessa guerra de fato testemunhavam as lutas de perto – e corriam os mesmos riscos que os demais soldados de cair em uma das temidas emboscadas de jagunços. Tem-se registro de pelo menos um que morreu em combate: o alferes Francisco de Paula Cisneiros Cavalcanti, correspondente de *A Notícia*. Benício encontrou junto ao corpo do repórter suas anotações, que depois foram incorporadas ao seu livro.

Uma atuação relevante de correspondentes brasileiros em conflitos externos, porém, levaria muitas décadas para acontecer. Apesar da tímida entrada do Brasil na Primeira Guerra Mundial, a pouco mais de um ano de seu fim, não foram enviados correspondentes para o palco europeu do conflito. Isso só ocorreu na Segunda Guerra, quando pelo menos uma dezena de jornalistas, inclusive radialistas e cinegrafistas, acompanharam os pracinhas da Força Expedicionária Brasileira (FEB) em sua campanha

78
Correspondente
de guerra

na Itália contra os fascistas. Os mais conhecidos foram Rubem Braga, do *Diário Carioca*, e Joel Silveira, dos Diários Associados. Rubem Braga já tinha uma experiência como correspondente de guerra, ainda que doméstica, durante a Revolução Constitucionalista de 1932, pelo *Diário da Tarde*, de Belo Horizonte, do grupo Diários Associados. Na ocasião, ele chegou a ser preso, acusado de espionagem pelas tropas oficialistas.

Como era praxe também em outras forças aliadas, os jornalistas que acompanhavam a FEB andavam fardados – e desfrutavam dos privilégios de oficiais, como o direito de dormir em seu alojamento e de frequentar seu cassino. Raramente iam à linha de tiro ou participavam de diligências.

A cobertura de guerras pela imprensa brasileira ganhou mais constância a partir da década de 1960, durante o regime militar, em parte porque as notícias internacionais estavam menos sujeitas à censura do que os temas nacionais. Na década de 1970, tornou-se mais comum para as publicações brasileiras ter correspondentes fixos no exterior, o que se refletiu também na cobertura de guerras. Havia brasileiros cobrindo a Guerra dos Seis Dias, em Israel, por exemplo, e os confrontos de maio de 1968 em Paris, na França. Na Guerra do Vietnã, destacaram-se as atuações de José Hamilton Ribeiro, da revista *Realidade*, que perdeu uma perna ao pisar em uma mina terrestre no seu último dia de trabalho, e Luís Edgar de Andrade, que havia acabado de ser demitido do *Jornal do Brasil* e desembarcou em Saigon como repórter *freelancer* do *Correio da Manhã*, da *Folha da Tarde* e das revistas *Manchete* e *Fatos&Fotos*. Em 1970, Dorrit Harazim cobriu a Guerra do Camboja para a *Veja*.

Daí para frente, com maior ou menor frequência, jornalistas brasileiros testemunharam os principais conflitos internacionais. Mais do que dar um ponto de vista brasileiro sobre guerras distantes, os en-

Os jornalistas que acompanhavam a FEB andavam fardados – e desfrutavam dos privilégios de oficiais.

viados especiais tinham (e continuam tendo) a possibilidade de fazer abordagens alinhadas com o perfil de suas publicações ou emissoras. André Petry, por exemplo, fez três viagens para cobrir a Guerra Irã-Iraque (1980-1988) para o *Correio Braziliense*, em que sua principal preocupação, ao andar em terreno minado, consistia em pisar com exatidão nas pegadas de seu guia iraquiano. Na Guerra do Golfo (1990-1991), para a qual também foi enviada Vilma Gryzinski da *Veja*, entre outros, William Waack e o fotógrafo Hélio Campos Mello, de *O Estado de S. Paulo*, foram sequestrados no sul do Iraque e entregues, junto com outros jornalistas, às forças do ditador Saddam Hussein. Eles passaram oito dias em poder do regime antes de serem libertados. Para os conflitos no território da ex-Iugoslávia, na década de 1990, seguindo a tendência do restante da imprensa mundial, os veículos de comunicação brasileiros abriram a carteira para enviar jornalistas para a cobertura. Silio Boccanera, Ana Paula Padrão e Sergio Gilz, pela TV Globo, Kennedy Alencar, pela *Folha de S.Paulo*, e Milton Blay, pela revista *Visão* e pela Radio France Internationale (RFI), para citar apenas alguns, estiveram nos Bálcãs em um ou outro momento da guerra.

Quando se trata de risco no exercício da profissão, os jornalistas brasileiros têm mais motivos para se preocupar quando estão atuando dentro do Brasil do que fora – e não apenas por uma questão de proporcionalidade, já que os correspondentes internacionais são menos numerosos do que, digamos, os repórteres de Polícia. Segundo levantamento do Comitê para Proteção dos Jornalistas, com sede em Nova York, 38 jornalistas foram mortos no Brasil de 1992 a 2015 no exercício do seu trabalho ou em retaliação por suas reportagens. No mesmo período, não houve nenhum brasileiro morto em coberturas de guerras no exterior. Um dado revelador sobre as mortes no Brasil: 61% das vítimas faziam reportagens sobre corrupção, contra 45% daquelas que escreviam para as páginas policiais.

Em 2013, 2014 e 2015, os profissionais que fizeram a cobertura dos grandes protestos populares que sacudiram o país foram alvo tanto das tropas de choque da polícia quanto de manifestantes – ou melhor, de integrantes dos grupos *black blocs* que se infiltravam nos protestos para incitar a violência policial. Há, por exemplo, os casos dos jornalistas feridos por tiros de bala de borracha em São Paulo, em 2013, e dos cinegrafistas da TV Band Santiago Ilídio Andrade, morto por um rojão lançado contra sua cabeça em meio a uma manifestação no Rio de Janeiro, em 2014, e Luiz Carlos de Jesus, ferido por um cão da raça pitbull da polícia paranaense, em 2015. Apesar de a cobertura da ocupação de favelas no Rio de Janeiro por tropas e forças policiais, como as que ocorreram antes da Copa do Mundo de 2014, e de manifestações violentas terem elementos comuns ao jornalismo de guerra, a opção deste livro é por falar dos desafios específicos de se noticiar um conflito internacional.

Em seu livro *Em terreno minado*, Humberto Trezzi, repórter do jornal *Zero Hora*, de Porto Alegre, faz uma distinção entre "correspondentes de guerra" e "enviados especiais". Os primeiros são repórteres, fotógrafos ou cinegrafistas especializados na cobertura de conflitos, que emendam uma guerra na outra, com curtos intervalos de estadia em seus países de residência fixa. Os segundos são jornalistas que atuam a maior parte do tempo nas redações ou como correspondentes em outros países, mas que se dedicam quase sempre a temas mais amenos de política e economia ou a escrever sobre temas internacionais com base no conteúdo das agências de notícias e em entrevistas por telefone. Eventualmente, quando é de interesse da publicação, emissora, rádio ou site para o qual trabalham, contratados ou não, são enviados para cobrir um conflito específico. Essa é a maneira mais comum de se fazer coberturas de guerra no Brasil. Humberto escreve em seu livro que o único jornalista brasileiro que merece a classificação de "correspondente de guerra", por ter se dedicado exclusivamente a isso durante anos, é André Liohn, coautor da presente obra. Eu incluo nessa categoria o também fotógrafo Maurício Lima, colaborador frequente do *New York Times*, e Cristiana Mesquita, da agência Associated Press (AP). Em comum, os três fizeram a maioria de suas coberturas para veículos de comunicação estrangeiros.

Os perigos enfrentados por enviados especiais e correspondentes, porém, são potencialmente os mesmos. Tudo depende da tolerância ao risco e do estilo de cobertura de cada um. A seguir, estão as histórias de sete jornalistas brasileiros que se destacaram na cobertura de guerras na primeira década e meia do século XXI – período em que os jornalistas deixaram de ser vistos como observadores neutros e passaram a ser tratados como alvos legítimos. Obviamente, há muitos outros que também poderiam ter sido entrevistados para estas páginas. O que se procurou aqui foi apresentar experiências representativas de diferentes formas de lidar com os velhos e, principalmente, com os novos riscos existentes no exercício do jornalismo de guerra. Há desde os profissionais que preferem observar e analisar os efeitos das guerras em suas franjas, sem ir para a linha de tiro, como Adriana Carranca e Duda Teixeira, àqueles que levam para sua audiência e seus leitores a sensação de estar em meio a um combate, como fizeram Franz Vacek e Lourival Sant'Anna. No conjunto, as experiências relatadas a seguir reúnem os principais dilemas de segurança e situações de risco enfrentadas por qualquer enviado ou correspondente de guerra da atualidade, não apenas brasileiros.

Sérgio Dávila

82
Correspondente
de guerra

Antes de se tornar editor-executivo da *Folha de S.Paulo*, o jornalista Sérgio Dávila foi correspondente do jornal nos Estados Unidos durante dez anos, passando por Nova York, Washington D.C. e Califórnia. Nessa função, testemunhou e relatou, em primeira mão, o ato de guerra que mudou o rumo do incipiente século XXI: os atentados terroristas de 11 de setembro de 2001. "Minha mulher e eu fomos acordados por uma ligação da redação em São Paulo, informando-nos que um avião monomotor havia se chocado contra uma das torres do World Trade Center", conta Sérgio, que é casado com Teté Ribeiro, jornalista e filha de José Hamilton Ribeiro, que cobriu a Guerra do Vietnã pela revista *Realidade*. O apartamento do casal ficava a 20 quadras do WTC. Ambos partiram a pé, no fluxo contrário das pessoas que fugiam da tragédia, e foram descobrindo no caminho, a partir dos relatos esparsos que recebiam, que não se tratava de um monomotor, e sim de um avião comercial. Dois deles, não apenas um, haviam se chocado contra os prédios. Viram, então, uma das torres desabando, e logo a segunda. A poeira que se levantou dos escombros deixou Teté com dificuldades de respiração, e ela teve que ser atendida imediatamente, na rua, por paramédicos. Sérgio foi em frente, conseguiu uma máscara de proteção com bombeiros e, talvez por ter sido confundido com um paramédico, conseguiu ir além da barreira que a polícia formou, chegando muito próximo ao que mais tarde viria a ser chamado de Marco Zero, o local onde antes ficavam, imponentes, as Torres Gêmeas. Sérgio acompanhou o trabalho de resgate de perto, viu o corpo de um bombeiro sem a cabeça sendo levado de maca e sentiu o que acabou definindo, na reportagem que saiu no jornal do dia seguinte, como o cheiro da tragédia: um odor doce de queimado. Ele passou esse relato de um telefone público, em uma ligação a cobrar para a redação no Brasil, mais tarde complementado de casa por escrito.

O 11 de Setembro foi a primeira cobertura de guerra de Sérgio Dávila. Menos de dois anos depois, foi convidado por Otavio Frias Filho para cobrir um novo conflito, a Guerra do Iraque, apresentado pelo então presidente americano George W. Bush como uma das respostas de seu país àquele ataque ao coração da superpotência. Sérgio e o fotógrafo Juca Varella chegaram a Bagdá no dia 19 de março de 2003, dentro do prazo de dois dias dado por Bush para que o ditador Saddam Hussein deixasse o poder e o Iraque. Eram os únicos representantes da imprensa brasileira na capital iraquiana durante a fase de bombardeios. A guerra durou 46 dias. O trabalho da dupla da *Folha* no país estendeu-se por 30 dias. A experiência de Sérgio e Juca demonstrou que a Guerra do Iraque foi uma arapuca para jornalistas desde o início, na fase de derrubada do regime, e não apenas no longo e violento período posterior, de ocupação militar. "Havia dois mil jornalistas em Bagdá. Quando Bush deu o ultimato, quase todos foram embora. Sobraram 160, entre os quais eu e Juca. Desse total, 16 morreram. A letalidade entre os jornalistas foi muito maior do que a da coalizão liderada pelos Estados Unidos e até a do exército iraquiano", diz Sérgio. Ele conta que alguns tiveram o azar de estar no lugar errado na hora errada e acabaram sendo atingidos em bombardeios. E houve o episódio do Hotel Palestine, onde a maioria dos profissionais de imprensa, inclusive a dupla brasileira, estava alojada. "Era dado como certo, entre os colegas, que a CNN passava a localização do prédio do hotel para não ser bombardeado pelas forças americanas. Quando as tropas da coalizão entraram na cidade, porém, esse acordo aparentemente se perdeu." No dia 8 de abril, a lente de um cinegrafista na varanda do décimo quinto andar do hotel foi confundida com o cano de um fuzil ou de um lançador de granadas por um soldado americano dentro de um tanque, que reagiu disparando contra o que considerava um alvo legítimo. Dois jornalistas morreram com o canhonaço. Os brasileiros estavam alojados apenas quatro andares abaixo, mas não se encontravam no hotel no momento do ataque. Mais cedo, no mesmo dia, a sucursal da TV árabe Al Jazeera em Bagdá havia sido bombardeada, segundo as forças americanas por engano, matando um jornalista palestino. "Até aqui, apesar das dúvidas geradas por esses dois episódios, nós jornalistas ainda estávamos enfrentando os riscos inerentes a uma zona de conflito."

Após a queda do regime, a capital viveu um período de caos. Com o vácuo de poder, os cidadãos saíam a saquear tudo o que encontravam pela frente, principalmente museus e prédios governamentais. As condições de segurança para os jornalistas se deterioraram rapidamente, pois as opções de saque começaram a se esgotar. "De repente, deu-se um estalo coletivo na turma de saqueadores: eles se deram conta de que os jornalistas eram alvos fáceis e lucrativos, pois tínhamos dinheiro, passaporte e equipamentos", diz Sérgio. Em um dos assaltos, que teve como vítima uma equipe da RTP, de Portugal, o repórter Carlos Fino e seu cinegrafista quase foram linchados pelos saqueadores. "Acredito que esses roubos representaram o princípio do fenômeno dos sequestros de jornalistas, que veio a ser uma atividade muito rentável no Iraque nos anos seguintes. A diferença é que, naquele momento, éramos vistos apenas como cofres ambulantes. Os sequestros com motivação ideológica vieram depois." Sérgio identifica na Guerra da Bósnia, dez anos antes, o ponto de virada para a transformação dos jornalistas em alvos de um conflito. "O meu sogro, José Hamilton Ribeiro, conta que, para cobrir a Guerra do Vietnã, teve de usar um uniforme de tenente fornecido pelo exército americano. Era normal, até aquele momento, ter correspondentes *embedded*, 'embutidos', numa força militar regular. O inimigo não conseguia distingui-los dos verdadeiros soldados. Quanto aos fotojornalistas, apesar de também usarem fardas, poucos foram alvejados, talvez por serem identificáveis por suas câmeras.

Na Guerra da Bósnia, os combatentes sérvios começaram a mirar deliberadamente nos jornalistas, porque os consideravam parte do esforço de guerra da Otan, a organização das forças ocidentais. "Esse fenômeno foi se consolidando e estamos vivendo o auge agora, com os grupos radicais que dividem as pessoas em fiéis ou infiéis", diz Sérgio. Ele afirma que dificilmente aceitaria trabalhar nessas condições. "Atuar numa área dominada pelo Estado Islâmico, por exemplo, é algo que eu não faria. É complicado ir para um lugar onde o jornalista é alvo. Não quero ser preso e degolado." A *Folha de S.Paulo* tem como política deixar os profissionais completamente à vontade para recusar uma missão de risco.

Lourival Sant'Anna

"Eu estou sempre com medo, mas este é constantemente superado pelo propósito do meu trabalho", diz Lourival Sant'Anna. Jornalista multimídia – escreve, fotografa, filma e fala –, ele trabalhou durante 25 anos para o grupo *O Estado de S. Paulo*, dois dos quais como correspondente *freelancer* do jornal em Londres, onde atuou no serviço brasileiro da BBC. Desde os atentados de 11 de setembro nos Estados Unidos, Lourival cobriu os conflitos no Afeganistão (em 2001, 2004 e

2009), no Iraque (em 2003, 2010 e 2014), no Líbano (em 2006), na Faixa de Gaza e em Israel (em 2007 e 2014), na Ossétia do Sul (em 2008), na Líbia (em 2011), no Egito (em 2011), na Síria (em 2012, em duas ocasiões), no Mali (em 2013) e na Ucrânia (em 2014).

Lourival concorda que a cobertura de guerra vive um momento especial nessas primeiras décadas do século XXI. E identifica ao menos dois fatores que amplificaram os riscos enfrentados pelos jornalistas. O primeiro é a precariedade nas relações de trabalho. "Quanto mais se recua no tempo, mais jornalistas contratados havia. Quanto mais se avança, mais recorrentes são os *freelancers*", observa Lourival. Jornalistas que trabalham por reportagem ou fotografia publicada tendem a correr mais perigos para garantir a produtividade. Além disso, têm menos recursos e acabam economizando na segurança, o que às vezes leva à contratação de *fixers*,[1] tradutores e motoristas mais baratos e menos preparados, por exemplo, ou à escolha de hotéis mais vulneráveis para se hospedar. O segundo fator de risco é a motivação dos grupos islâmicos que têm se notabilizado por sequestrar e executar jornalistas. "Eles acreditam que vivem numa nova era das cruzadas e veem os jornalistas como propagandistas da destruição do Islã. Por isso, quando decapitam um jornalista ocidental, esses radicais islâmicos estão em primeiro lugar matando um cristão e em segundo eliminando um representante de uma das instituições, a mídia, com a qual se consideram em guerra." Por outro lado, esses grupos sabem da repercussão que causa o assassinato de um jornalista, e buscam isso ativamente. "Para esses grupos, matar um repórter ou fotógrafo é vantajoso dos pontos de vista ideológico e prático."

As situações mais perigosas enfrentadas por Lourival, porém, pouco ou nada tiveram a ver com as novas circunstâncias que transformaram os jornalistas em alvos preferenciais. "Houve um dia, na Ossétia do Sul, em que eu quase morri três vezes", conta Lourival. Em todas, soldados russos ou milicianos da república separatista pararam o brasileiro em *check-points* na estrada e ameaçaram matá-lo, apontando as armas engatilhadas para o seu corpo. Isso aconteceu porque ele entrou no território a partir da Geórgia, e não da Rússia, como a maioria dos jornalistas estava fazendo, e porque os separatistas achavam que ele tinha aparência de georgiano. Em um desses *check-points*, um miliciano enfurecido chegou a pressionar o cano do fuzil contra o pescoço de Lourival – salvo apenas porque havia um militar russo por perto que entendeu que era um jornalista brasileiro, e não um georgiano.

Em outro episódio, também na Ossétia do Sul, Lourival foi detido pelos russos e interrogado por três horas porque o passaporte brasileiro que ele mostrara não tinha o carimbo da Geórgia, por onde havia entrado (o registro estava no documento emitido pela Itália, país do qual o jornalista também tem cidadania, e que ele não entregou para não ficar sem documentos). Lourival relata o seguinte diálogo com os captores:

– Vocês acham que eu sou um espião militar, mas basta ligar para o embaixador russo em Brasília ou fazer uma pesquisa no Google para vocês confirmarem que eu sou quem estou dizendo: um jornalista brasileiro.

– Se a gente achasse que você é um espião, estaria sem roupa e com os braços e as pernas abertos encostado naquele muro lá fora – respondeu um dos militares russos.

Durante a guerra entre Israel e o grupo xiita Hezbollah, em 2006, Lourival vivenciou uma cena digna de filme de ação. Ele estava viajando com um clérigo sunita por uma estrada vazia rumo ao sul do país, para distribuir pão para os moradores que há dias se escondiam dos bombardeios israelenses no porão de suas casas. "Um caça israelense nos sobrevoou e começou a bombardear a estrada na nossa frente. O objetivo claramente era reduzir nossa velocidade, enquanto o piloto avaliava ou recebia as informações para nos destruir ou não. Estou certo de que se quisessem nos atingir, já o teriam feito. O xeque rezava e dirigia. E eu ali, do lado, em um carro cheio de pães em meio a explosões de mísseis", lembra Lourival. Quando chegaram ao seu destino, o xeque abriu o porta-malas do carro e, com a ajuda de um padre, começou a distribuir pão para as pessoas que brotavam dos porões. À noite, dormiram em uma mesquita sunita ao lado de uma floresta de onde o Hezbollah disparava seus foguetes katyushas contra Israel. "É claro que, por essa razão, passamos a noite novamente sob o bombardeio israelense."

Lourival foi hostilizado durante coberturas em três países diferentes, por razões distintas, e em duas delas o fato de ser jornalista foi relevante. Na Venezuela, em 2002, onde esteve para noticiar o fracassado golpe contra Hugo Chávez, ele foi ameaçado por apoiadores do governo, que achavam que a imprensa era a favor de derrubar o presidente. A tensão durou apenas até ele conseguir provar que não era um jornalista venezuelano, mas brasileiro. No Egito, durante os protestos contra o ditador Hosni Mubarak, os jornalistas foram acossados por agressores pró-governo que invadiram a praça Tahrir para dispersar os manifestantes. "Se eles viam um opositor ao governo de um lado e um jornalista do outro, preferiam bater no jornalista, que valia mais", conta Lourival, realçando que era fácil, naquele contexto, identificar os repórteres, quase todos vestindo calça cargo, levando consigo um bloquinho de espiral no bolso e falando inglês. A terceira situação de hostilidade ocorreu na Líbia, pelo simples fato de ser brasileiro. Ele estava na cidade de Bengasi quando o governo brasileiro se absteve de votar no Conselho de Segurança da ONU pela autorização de uma intervenção militar para proteger a população civil das forças do ditador Muamar Kadafi. "Um rebelde viu a bandeira do Brasil no meu documento de jornalista e me questionou: 'a gente gostava tanto do Brasil, o que aconteceu?'". Na estrada para Sirte, ele foi parado em um *check-point* e impedido de passar por ser brasileiro. "A hostilidade, nesse ponto, vinha dos dois lados do conflito, porque o regime de Kadafi já havia deixado claro que qualquer jornalista sem visto para entrar no país seria tratado como criminoso. Isso era muito ruim para o meu trabalho, porque eu queria falar com as pessoas que apoiavam Kadafi, também. E, do lado dos rebeldes, era preciso tomar cuidado porque brasileiros começaram a ser tratados como traidores." Para cidadãos que nunca viveram sob uma democracia plena, a ideia de que a imprensa é independente e que nem sempre concorda com as políticas do governo não passa de uma abstração incompreensível.

Um episódio ocorrido com Lourival na Faixa de Gaza, durante enfrentamentos entre o grupo palestino Hamas e as forças de Israel no final de 2014, resume bem o que está em jogo entre os jornalistas e os diferentes lados armados de um conflito: o controle da informação. O repórter especial do *Estado de S. Paulo* fez algumas filmagens da sacada do apartamento do hotel onde estava hospedado. Ali perto, havia um dos locais de onde o Hamas disparava seus foguetes contra Israel. "À noite, um membro do Hamas veio até o hotel e inspecionou todas as fotos e os vídeos gravados nas minhas câmeras", conta Lourival. A preocupação do grupo era que pudesse haver alguma imagem comprovando que eles faziam os disparos de áreas densamente povoadas, o que reforçaria a denúncia feita por Israel de que o Hamas usava civis como escudos humanos.

Adriana Carranca

Depois de sete anos trabalhando no caderno Metrópole do jornal *O Estado de S. Paulo*, para o qual fez reportagens sobre criminalidade juvenil e rebeliões em presídios, Adriana Carranca mudou-se para Londres para um mestrado. Lá, fez amizade com mulheres de diferentes nacionalidades, entre as quais uma egípcia que a convidou para ir ao seu país para dar opinião sobre os três pretendentes a noivo que a família havia escolhido para ela. "Além de mim, que sou católica de nascimento e não sigo religião alguma, viajaram uma amiga judia e uma filipina protestante", conta Adriana. Em Londres, ela nunca havia parado para pensar que as quatro amigas (incluindo a egípcia, muçulmana) eram de religiões diferentes. Isso nunca havia sido relevante. "No Egito, por causa de toda a história da tradição matrimonial, essas questões vieram à tona, e eu concluí que na base da sociedade as diferenças religiosas são desimportantes. Elas só são realçadas pela política, como instrumento de opressão." O resultado da viagem, para a amiga egípcia, foi que ela decidiu não se casar com nenhum dos três pretendentes. Mais tarde, em Londres, conheceu numa casa de samba um muçulmano de quem depois ficou noiva e com quem se casou. Para Adriana, a viagem ao Egito abriu uma nova janela de interesse jornalístico. Quando voltou para o Brasil e para a redação do *Estadão*, o tema social, da humanidade que há por trás dos véus culturais, acabou se tornando a tônica de suas reportagens internacionais. Ela esteve no Afeganistão (em 2008, 2009, 2011 e 2012), na Faixa de Gaza (em 2010), no Paquistão (em 2011 e 2012), na Indonésia (2012), onde entrevistou integrantes do grupo terrorista Jemaah Islamiyah, que haviam acabado de ser libertados após dez anos presos pela morte de 202 pessoas no atentado de Bali em 2002. Também esteve na República Democrática do Congo (em 2013) – para acompanhar o trabalho do general Carlos Alberto dos Santos Cruz, o militar brasileiro que naquele ano assumiu o comando da força de paz da ONU no país –, em Uganda e no Sudão do Sul (em 2014) em guerra civil e na Síria (em 2015).

Adriana não costuma viajar com fotógrafos, mas sentiu falta de ter um lhe acompanhando no Congo. Ela viajou com uma equipe da organização Médicos Sem Fronteiras (MSF), o que lhe permitiu ir a lugares aonde quase nenhum jornalista vai. "Estive em um vilarejo que tinha acabado de ser atacado, e vi meninos-soldados, fortemente armados, com os rostos marcados pela guerra. Foi a cena mais impactante que eu já vi", diz Adriana. Ela costuma tirar as próprias fotos, mas naquele contexto não se sentiu à vontade para fazê-lo. "Eu me identificava como jornalista para todos os entrevistados, mas não podia fotografar rebeldes à distância, sem que eles soubessem, de dentro do carro ou da garupa da moto do MSF, porque isso colocaria em risco os médicos e os enfermeiros da organização." Um fotógrafo experiente talvez conseguisse registrar a cena discretamente.

Durante uma viagem nos rincões do Congo, um caminhão tombado na estrada fez com que o comboio da MSF ficasse preso durante muitas horas. Estava anoitecendo, e era sabido que no trecho seguinte de estrada os sequestros eram frequentes. Estabeleceu-se comunicação por rádio com uma base da MSF, que avaliou as condições de segurança e decidiu que era melhor retornar até o vilarejo mais próximo. "Foi preciso esconder o carro da MSF, porque se os rebeldes de outros vilarejos ficassem sabendo que havíamos dormido ali, com a autorização de um grupo rival, ficariam desconfiados em relação à neutralidade da ONG", diz Adriana.

Adriana é da linhagem dos jornalistas que preferem manter um perfil baixo, ou seja, procuram passar despercebidos o tanto quanto possível, para observar tudo de dentro da sociedade sobre a qual pretendem escrever. O fato de viajar sozinha, sem fotógrafo, contribui para isso. Ela também costuma hospedar-se em casas de famílias – de preferência que tenham sido "testadas" e indicadas por outros jornalistas estrangeiros. Foi o que ela fez, por exemplo, no vale do Swat, a região do Paquistão com forte presença do Talibã e onde morava Malala, a menina que foi baleada por querer estudar e que posteriormente ganhou o Prêmio Nobel da Paz. Essa é uma maneira privilegiada de conhecer como vivem as mulheres nessas sociedades. Na rua, Adriana usava véu ou burca, para não chamar a atenção. "Até os pequenos gestos, porém, como a maneira de olhar para as pessoas, denunciam uma estrangeira", diz. Ficar na casa de moradores pode, também, ser mais seguro, porque os hotéis em áreas conflagradas muitas vezes se tornam alvos de terroristas. Na primeira vez em que esteve no Afeganistão, por exemplo, Adriana hospedou-se no Hotel Safi Landmark, em Cabul. Um pouco depois, o hotel sofreu um ataque terrorista que matou 18 pessoas e deixou 36 feridos. Reconstruído, o estabelecimento foi atacado novamente em 2011. Quase todos os locais onde a jornalista se hospedou ou esteve para fazer entrevistas no Afeganistão sofreram ataques semelhantes: o Hotel Serena, o complexo Spozhmai à beira do Lago Qargha, um dos poucos locais de lazer dos afegãos, um restaurante libanês sem nome ou placa na porta que reunia locais e estrangeiros, a escola de ensino médio Istiqlal mantida pelo French Cultural Centre, o Instituto Nacional de Música do Afeganistão, o prédio do Ministério da Cultura, o supermercado Finest, entre outros. O último ataque de que teve notícia foi à pousada Park Palace, um casarão afegão sem placa na porta, onde passou a se hospedar por segurança – em maio de 2015, atiradores entraram na pousada e foram à caça dos hóspedes, deixando 14 vítimas fatais, entre as quais 10 estrangeiros.

Em 2014, um novo ataque ao hotel deixou 9 vítimas fatais, entre as quais um repórter afegão e sua família.

Havia 70 pessoas sequestradas no Afeganistão quando Adriana desembarcou em Cabul, em 2008, na primeira de suas quatro viagens ao país. "Havia um acordo entre os jornalistas de não noticiar o sequestro de um colega, para garantir sua segurança", conta Adriana. "Naquele momento, o principal interesse do Talibã era conseguir dinheiro por meio de resgate. Os jornalistas viraram uma fonte de renda para o grupo. Sequestrá-los era uma forma de investimento financeiro. O Estado Islâmico, no Iraque e na Síria, foi além. Não se trata mais apenas de conseguir dinheiro, mas de fazer um investimento na marca do grupo." Nesse contexto, fazer segredo sobre o sequestro de um colega pode até não ajudar a garantir sua integridade física, mas ao menos impede os terroristas de ter a propaganda pretendida.

Por se esforçar para passar despercebida e não correr riscos desnecessários, Adriana nunca foi hostilizada diretamente por estar fazendo o seu trabalho. Certa vez, porém, ela se viu sob ataque por estar em uma base militar afegã justamente no dia em que o Talibã resolveu disparar foguetes contra o local. "Eu estava lá para entrevistar a comandante do primeiro batalhão feminino do exército do Afeganistão e o Talibã atacou a base", diz Adriana. O ataque durou 18 horas. Foi o mais longo e o mais violento ataque do Talibã em uma década de guerra.

94

Correspondente
de guerra

Humberto Trezzi

O jornalista do *Zero Hora*, de Porto Alegre, é uma raridade entre os enviados especiais por ser um repórter de Polícia, e não da editoria de Internacional, como é mais comum. Sua experiência diária com reportagens sobre criminalidade e segurança pública deu-lhe instrumentos interessantes para enfrentar os desafios de um conflito armado. Lidar com traficantes brasileiros tem lá suas similaridades com a relação de confiança que é preciso estabelecer com grupos rebeldes nas guerras da atualidade. A diferença é que a situação em uma guerra é mais instável do que num morro carioca ou numa vila porto-alegrense. "Normalmente, os jornalistas não são alvos do crime organizado brasileiro," diz Humberto. Mas ele observa que os cartéis de drogas mexicanos têm um comportamento muito semelhante ao de grupos terroristas do Oriente Médio quando se trata de matar jornalistas para espalhar o terror e fazer demonstrações de força.

Humberto já foi feito refém por traficantes no Rio de Janeiro, mas tudo não passou de um mal-entendido. "O traficante que era o meu contato na gangue havia morrido, e os seus comparsas não acreditavam que eu e o fotógrafo éramos jornalistas", diz Humberto. Pudera: alguns dias antes dois policiais civis haviam entrado no morro fazendo-se passar por jornalistas para pegar informações da gangue. O fato de o fotógrafo que acompanhava Humberto usar um corte de cabelo em estilo militar não ajudava em nada. "Ficamos de mãos amarradas em poder dos traficantes, até que eu lembrei o nome de um dos integrantes do grupo que sabia da minha intenção de fazer uma reportagem com eles." Confirmada a razão para eles terem subido o morro, Humberto e o colega foram libertados.

O repórter gaúcho cobriu a guerra civil de Angola (em 1996), a narcoguerrilha na Colômbia (em 2003), o conflito separatista no Timor Leste (em 2004) e a Guerra da Líbia, em duas ocasiões (em março e agosto de 2011). "O grupo RBS, ao qual pertence o *Zero Hora*, tem dinheiro para enviar repórteres para cobrir guerras. A relutância em fazê-lo existe quando há uma percepção de que o risco para os jornalistas é muito acentuado", diz Humberto. Isso inviabiliza coberturas mais próximas de guerras onde grupos radicais islâmicos têm grande dominância, como na guerra civil da Síria. "Essa visão é correta. Eu, por exemplo, não tenho medo de bombardeio e tiro. Mas cair nas mãos de combatentes que veem o jornalista como alvo preferencial não me atrai nem um pouco. Trata-se de uma situação em que o ódio é personalizado, o que pode levar o refém a longos períodos de sofrimento e a uma morte lenta, humilhante."

Humberto ganhou uma amostra do que é estar à mercê de um grupo como o Estado Islâmico na sua segunda viagem à Líbia, para noticiar a queda de Trípoli. Na estrada que liga a cidade ao aeroporto, seu carro foi barrado por uma brigada de radicais islâmicos:

– Não queremos ocidentais. Se fotografar, morre.

O motorista teve de retornar. No dia seguinte, Humberto fez uma nova tentativa de chegar ao aeroporto, onde ele pretendia observar os efeitos dos combates entre os rebeldes e as forças de Kadafi para ocupar o local. Dessa vez, o *check-point* era comandado por outro grupo rebelde, mais moderado, que deixou o carro passar.

O maior perigo enfrentado por Humberto na Líbia, porém, foi na linha de frente perto de Brega, no leste do país. Ele estava com três jornalistas franceses, acompanhando a tentativa dos rebeldes de tomar uma refinaria, próxima ao mar, das mãos das tropas de Kadafi. Logo se viram sob o bombardeio dos canhões de navios kadafistas, que miravam o *check-point* rebelde onde eles haviam parado. Os cogumelos formados pelas explosões dos obuses levantavam-se na areia do deserto. Humberto e seus companheiros entraram em um carro para fugir. O motorista líbio disparou na estrada a 140 quilômetros por hora. "Uma bomba abriu uma cratera na estrada, e um furgão teve de frear bruscamente para não cair dentro do buraco. Nosso carro vinha logo atrás, e o motorista não conseguiu evitar o choque. Bati o rosto com força no painel. Saí pela janela do carro e, ferido, continuei correndo pela estrada, em fuga, até ser colocado em um jipe dos rebeldes e depois transferido para uma ambulância." Humberto teve um grave descolamento de retina no acidente. Não bastasse tudo isso, a ambulância começou a ser sobrevoada por jatos Sukhoi e Mig da força área do governo líbio, que tentavam acertá-la com suas bombas.

Apesar desse sufoco, se no futuro tivesse que escolher entre apenas duas opções, Humberto diz que iria preferir estar novamente naquela estrada, com as bombas dos caças e dos navios caindo ao seu redor, a ir para um lugar onde houvesse o risco de ser sequestrado por um grupo radical.

Franz Vacek

Correspondente em Paris da RedeTV! entre 2008 e 2014, ano em que assumiu a Superintendência de Jornalismo e Esporte do canal, Franz Vacek cobriu a guerra civil na Líbia e os protestos violentos no Egito e na Ucrânia na função de videorrepórter. Ou seja, ele mesmo filmava, entrevistava, apresentava e editava as reportagens de TV.

"Fui o primeiro jornalista de uma emissora brasileira a entrar na Líbia, pela fronteira leste, quando a repressão do governo aos rebeldes começou. Cheguei no dia em que o filho de Kadafi ameaçou matar qualquer jornalista que entrasse no país sem visto, o que era o meu caso", diz Franz. "Atravessei a fronteira do Egito para a Líbia, que estava aberta, a pé. Caminhei por cerca de 1,5 km por uma estrada vazia, até que uma ambulância do Crescente Vermelho (o equivalente à Cruz Vermelha nos países muçulmanos) parou do meu lado e me deu uma carona. Os funcionários me disseram que, do contrário, eu ia acabar morto ou sequestrado." Apesar desse aviso, o repórter foi bem recebido pelos rebeldes em Tobruk, onde a ambulância o deixou. "Eles ficaram felizes em receber um jornalista que iria mostrar ao mundo o que estava acontecendo lá." Durante uma semana, Franz, que ficou hospedado no Egito, entrou e saiu da Líbia todos os dias para fazer suas reportagens.

Em agosto, ele voltou ao país, desta vez entrando pela fronteira com a Tunísia, para cobrir a queda de Trípoli. No primeiro *check-point*, conheceu o jornalista japonês Kiyoshi Ouchie, com quem decidiu dividir o custo do táxi que os levaria à capital líbia. "Percorremos 300 km de estrada vazia. Só víamos tanques destruídos e vilarejos abandonados. Era aterrador", diz Franz. No último posto de controle, um dos rebeldes deixou Kiyoshi passar, mas barrou Franz por ser brasileiro. "Tentei apelar para a boa fama do Brasil no futebol, mas não adiantou. O combatente era fã do esporte e apesar de saber escalar a Seleção inteira do mundial de 70, permanecia irredutível." A razão era simples: na avaliação do líbio, a presidente Dilma Rousseff apoiava Kadafi. Os rebeldes sabiam muito bem quais países tinham sido a favor ou contra a intervenção externa para derrubar o ditador.

Barrado, Franz, que também tem cidadania francesa, esperou até que houvesse uma troca de guarda no *check-point*. Entrou novamente na fila e apresentou o passaporte francês. Dessa vez, deixaram-no passar. Franz reencontrou-se com Kiyoshi e ambos foram alojados em uma escola, que também estava servindo de cadeia para soldados kadafistas.

Depois de estabelecer uma relação de confiança com um dos chefes dos rebeldes, Franz foi convidado para acompanhar uma investida contra um aeroporto ao sul de Trípoli, ainda sob o controle do governo. Quando Franz e Kiyoshi confirmaram que tinham interesse em ir junto, os rebeldes roubaram um carro em uma concessionária para levá-los, pois não havia mais lugar nos outros veículos do comboio. No caminho para o aeroporto, houve uma emboscada e, depois de intenso tiroteio, os rebeldes se sentiram vitoriosos, pois haviam matado um punhado de soldados. O comboio, formado por meia dúzia de carros, seguiu em frente, e foi novamente atacado. Uma bala atingiu a saia do automóvel em que viajavam Franz e Kiyoshi, ambos no banco de trás. O combatente líbio que estava no banco de passageiro – e que se vestia como um Rambo – desceu e começou a disparar com seu fuzil em direção à origem dos disparos, um pequeno prédio em ruínas à beira da estrada. O motorista manobrou para proteger o carro atrás de um muro e, ao fazê-lo, um novo projétil atingiu a lataria, desta vez do lado do brasileiro. "Eu me abaixei e comecei a rezar. Apertei a câmera, ligada, ao meu peito, na esperança vã de que ela me protegesse. Kiyoshi também estava abaixado, todo encolhido, com o traseiro para o alto. Então me dei conta que eu estava com a cabeça praticamente enfiada em sua bunda. Nesse momento, por nervosismo, o japonês soltou o intestino. Só pude rir da minha própria situação lamentável", conta Franz, que ficou imaginando quais seriam as manchetes dos sites de notícia se ele não sobrevivesse ao ataque, como parecia provável. "JORNALISTA BRASILEIRO MORRE NA MERDA" era uma das possibilidades.

O tiroteio só terminou quando os rebeldes puseram abaixo o prédio que servia de refúgio para os homens de Kadafi com disparos de uma bateria antiaérea instalada na caçamba de uma picape. "Um terço do comboio onde eu estava havia sido aniquilado, e os rebeldes desistiram de continuar rumo ao aeroporto", diz Franz. Na volta, foram novamente interrompidos por tiros, dessa vez de um homem solitário armado com um revólver, que foi eliminado com rapidez.

A dupla de jornalistas foi deixada em um dos hotéis preferidos da imprensa em Trípoli. "No *lobby* do hotel, enquanto eu decupava as gravações que eu havia feito durante o dia, um repórter da CNN e outro da BBC passaram por trás de mim e ficaram espantados com as imagens. 'Cadê sua equipe?', um deles perguntou. 'Vocês estão falando com a equipe inteira', respondi, orgulhoso." O espanto dos jornalistas dessas duas redes de TV se devia ao fato de que, por causa dos protocolos de segurança que suas empresas os obrigavam a seguir, eles raramente iam à linha de frente naquelas condições. Depois, Franz foi para a cobertura do prédio, onde as emissoras haviam instalado os equipamentos para a transmissão via satélite das reportagens. O brasileiro encontrou um espanhol que podia alugar o equipamento para a RedeTV! e desceu ao *lobby* para telefonar para a produção, no Brasil, e pedir que negociassem diretamente com a emissora na Espanha. Depois de tudo acertado, Franz voltou a procurar o espanhol que, estranhamente, o recebeu com rispidez:

– Você não vai usar equipamento algum!

A irritação do espanhol se devia ao fato de que o cidadão líbio que ele contratara para cuidar do equipamento tinha acabado de morrer com o tiro de um franco-atirador. Franz havia estado na cobertura, ao lado do segurança, poucos minutos antes de ele ser atingido. O hotel era claramente um alvo das forças kadafistas, por reunir muitos jornalistas. O fato é que não havia mais quartos disponíveis para Franz e Kiyoshi. "Um colega de um grande jornal paulista que já estava alojado lá se recusou a nos abrigar em seu apartamento, o que nos obrigou a procurar pouso em uma casa onde dormiam os rebeldes", diz Franz. "Apesar do risco que corremos por ter de ir a pé, de noite e com a cidade sob bombardeio, não foi das piores coisas que nos aconteceram naquele dia, pois fomos muito bem recebidos pelos combatentes líbios, com frutas, água e uma excelente conexão de internet." Franz pôs-se a trabalhar no computador e acabou dormindo sentado num sofá. Acordou com um estrondo seguido do barulho de tijolos caindo.

– É só uma granada – disse ao japonês e continuou dormindo.

Em termos de se sentir vulnerável por ser jornalista, e não apenas por estar em uma área de conflito, Franz diz que nada se compara à experiência que teve ao cobrir a Primavera Árabe no Egito. Ele se hospedou em um hotel na praça Tahrir, no Cairo, onde estavam acampados os manifestantes que queriam a queda do ditador Hosni Mubarak. Por estar localizado em frente ao centro dos acontecimentos, o hotel estava quase totalmente ocupado por jornalistas. Franz lembra-se que encontrava no café da manhã a repórter Lara Logan, do canal americano CBS, que posteriormente foi abusada sexualmente por cerca de 300 homens na própria praça Tahrir durante 25 minutos. Ela foi atacada enquanto fazia uma filmagem no local, e afastada violentamente de sua equipe pela pequena multidão e arrastada pela praça. Foi salva por um grupo de mulheres e homens egípcios que estavam acampados por perto. Os estupros em meio aos milhares de manifestantes reunidos na Tahrir eram tão frequentes que alguns ativistas até construíram andaimes de madeira para servir de torres de observação, com o intuito de avistar e interromper crimes contra as mulheres.

Franz conta que a hostilidade contra jornalistas na praça vinha de todos os lados. Certo dia, o exército invadiu o hotel e prendeu alguns jornalistas. Ele estava no quarto e recebeu, por debaixo da porta, uma carta das autoridades egípcias avisando que era proibido exercer a atividade jornalística. Muitas equipes de TV ficaram, portanto, enclausuradas no hotel, temerosas de que pudessem ter problemas se pisassem na rua. Só lhes restava filmar o que acontecia na praça de cima, das varandas de seus quartos. "Chegou um ponto em que eu não me conformava mais em ficar assistindo à CNN na TV do quarto, até porque minha lente não era tão poderosa quanto a deles, e decidi arriscar", diz Franz, que foi para a rua apesar da proibição governamental.

Na praça, ele tinha dificuldade de fazer suas passagens (no jargão de TV, os momentos em que o repórter aparece na tela de microfone em punho) porque a todo instante seu tripé era derrubado. "Havia sempre alguém, até manifestantes, falando que eu não podia filmar isso ou aquilo." Esqueceram-se um pouco dele quando começou a batalha das pedradas – manifestantes e apoiadores de Mubarak arrancavam pedaços das calçadas e atiravam uns nos outros. Uma das pedras atingiu um jovem a uns três metros de onde Franz estava. "Ferido, ele foi levado por outros manifestantes, e eu fui atrás. Acabei num hospital de campanha montado no meio da rua pela Irmandade Muçulmana. Vi várias pessoas sendo socorridas ali. Era uma verdadeira carnificina. Depois, no hotel, assisti à CNN e não vi nada daquilo, o que me deu a certeza de que fiz a coisa certa em descer para a rua, apesar da proibição do governo", diz Franz. "Só assim, mostrando as coisas de perto, um jornalista pode fazer a diferença."

Andrei Netto

"SENTIR O VENTO APÓS OITO DIAS É INDESCRITÍVEL", dizia a manchete em *O Estado de S. Paulo* do dia 11 de março de 2011. A frase era atribuída ao repórter Andrei Netto, correspondente do jornal em Paris que havia sido enviado à Líbia para noticiar a guerra civil no país. O depoimento sobre o período em que permaneceu preso pelo regime de Muamar Kadafi terminava com uma frase dúbia que dava a entender que o jornalista decidiu, no cativeiro, se casar com a namorada "em dezembro no Brasil". "Foi uma interpretação precipitada do editor. Eu já havia pedido minha namorada em casamento antes, e ela estranhou a afirmação no jornal", diz Andrei. O mal-entendido, porém, foi o menor dos males sofridos pelo repórter e por sua família naqueles dias.

Andrei Netto e o iraquiano Ghaith Abdul-Ahad, do jornal britânico *The Guardian*, foram os primeiros jornalistas estrangeiros a serem presos por forças leais a Kadafi durante a guerra civil na Líbia. Depois deles, o mesmo aconteceu com muitos outros profissionais de imprensa: Clare Morgana Gillis, Manu Brabo e James Foley; a equipe de uma TV saudita; um grupo do *New York Times* formado por Lynsey Addario, Anthony Shadid, Stephen Farrell e Tyler Hicks; um jornalista da TV iraniana; um cinegrafista da rede Al Jazeera, do Catar, entre outros. É provável que, com a ordem para encarcerar jornalistas, Kadafi esperava desestimular que outros profissionais da mídia se aventurassem a cobrir o conflito em seu país para, desta forma, poder reprimir seu próprio povo com os métodos que quisesse longe dos olhos da opinião pública mundial. Se essa era a estratégia, o resultado foi um fiasco, porque Andrei e Ghaith ainda estavam presos quando a intervenção militar da Otan na Líbia foi aprovada em votação na ONU. Andrei especula outros motivos para sua prisão: "O governo pensava, talvez, em nos usar como escudos humanos, para fazer chantagem, ou, simplesmente, queria nos convencer na marra de que sua versão dos acontecimentos era a correta". Essa última motivação, por mais absurda que seja, transparecia no dia a dia da tortura psicológica pela qual Andrei foi submetido durante sua prisão. Durante os interrogatórios, os oficiais do regime tentavam convencê-lo com argumentos simplórios que os rebeldes líbios na verdade eram terroristas islâmicos e que a população civil não queria a queda de Kadafi. Por fim, há a explicação mais óbvia: o ditador e seus funcionários não conheciam outra forma de lidar com a imprensa. "Kadafi tinha uma obsessão com a imprensa internacional que resultava numa relação ambígua: ora ele a usava, ora a ameaçava", diz Andrei.

O correspondente do *Estadão* foi preso porque tentou entrar sem visto na Líbia, pelo oeste do país, uma região que no começo da guerra ainda estava em sua maior parte nas mãos do regime. Com base em contatos que fizeram por telefone, ele e Ghaith esperavam contar com a ajuda de pessoas comuns para passar pelos postos de controle cuja função era impedir a entrada de insurgentes na capital líbia, naquele momento ainda totalmente sob o domínio do governo. Acabaram traídos pelo morador de uma das casas em que se alojaram e detidos, violentamente, por uma milícia política pró-Kadafi e entregues ao serviço secreto do exército, que os colocou em celas separadas (a de Andrei tinha cerca de doze metros quadrados). Em completo isolamento, Andrei às vezes ouvia gritos que imaginava serem de homens sendo torturados. Os piores maus-tratos lhes foram reservados antes, pelos homens que os capturaram. Andrei e Ghaith foram vendados, empurrados, furtados, xingados e enfiados em uma jaula instalada em um jipe. Antes de ser colocado lá dentro, Andrei foi golpeado na cabeça com uma barra de ferro.

O fato de ser brasileiro provavelmente ajudou Andrei a ser libertado mais rápido (antes de Ghaith, pelo menos), ainda que em nenhum momento seus captores tenham permitido que ele telefonasse para a embaixada brasileira em Trípoli. Durante os oito dias, portanto, ninguém de sua família e de sua empresa teve notícias suas. Andrei estava desaparecido. Foi preciso que o embaixador George Fernandes, avisado do desaparecimento de Andrei pelo *Estadão*, pressionasse o governo líbio por informações sobre seu paradeiro. No dia de sua soltura, Andrei foi entregue ao embaixador e, posteriormente, repatriado.

A experiência nos calabouços do regime líbio deu a Andrei, que depois da queda de Kadafi voltou a Trípoli, a convicção de que o risco de ser raptado em uma situação de guerra é pior do que o de ser atingido por uma bomba ou tiro. "O sequestro é um perigo sorrateiro, porque você acha que está tranquilo e seguro, mas não está. E permanecer enclausurado, sem saber por quanto tempo e se sairá vivo, provoca um sofrimento psicológico muito intenso, tanto para quem está preso quanto para os familiares e amigos", diz Andrei. "Já morrer numa troca de tiros ou na explosão de um morteiro faz parte de um risco que pode ser calculado." Ele observa que muitos profissionais menosprezam o risco latente do sequestro.

Depois da guerra civil na Líbia, Andrei cobriu o conflito na Síria, em 2012, e os protestos violentos na Ucrânia, em 2014. "Na Síria, estive na região onde James Foley foi sequestrado um mês depois", diz Andrei, referindo-se ao jornalista americano do GlobalPost que, depois de quase dois anos de cativeiro, foi executado pelo grupo terrorista Estado Islâmico. "Durante o tempo em que fiquei no país, tive a incômoda sensação de que aquilo era um alçapão de jornalistas, porque era um lugar com grande presença do serviço secreto sírio e de pessoas nas quais não se podia depositar confiança alguma." O plano era fazer uma cobertura mais longa, mas Andrei acabou encurtando para cinco dias sua permanência no país.

Duda Teixeira

Na avaliação do editor de Internacional da *Veja*, o maior risco em áreas de conflito – principalmente no Oriente Médio e como consequência do vácuo de poder que se instalou em países que viveram a onda de protestos conhecida como Primavera Árabe – são as pessoas que acham que podem lucrar de alguma forma passando a perna em jornalistas. "Por isso, minha regra de conduta nessas áreas é sempre procurar saber com quem estou me envolvendo e os interesses de cada um", diz Duda, que cobriu para a revista o narcotráfico no México (em 2010), o crepúsculo da Primavera no Egito (em 2012), o domínio do Hamas, o grupo terrorista palestino, na Faixa de Gaza (em 2012) e o avanço do Estado Islâmico no Iraque (em 2014).

Essa regra de conduta foi especialmente útil na cobertura feita na Faixa de Gaza, em parceria com o fotógrafo Luiz Maximiano, o "Max". Antes de viajar, Duda fez contato com um *fixer* em Gaza, que conseguiu a autorização do Hamas para a reportagem. "Mandei uma lista com uma dúzia de nomes de pessoas que eu queria entrevistar, que incluía desde o dono de um parque aquático até o ideólogo do grupo, Mahmoud Zahar", conta Duda. (Ele acabou ficando refém da lista, pois o Hamas não lhe permitiu falar com mais ninguém.)

Para entrar no território palestino pela única passagem possível, o posto na fronteira com o Egito, era preciso uma autorização do governo no Cairo. Duda e Max primeiro tentaram entrar sem o tal documento, que a rigor representa uma autorização de "saída". Depois de cruzar o deserto do Sinai em uma viagem de quatro horas, foram barrados no posto de controle egípcio. "Enquanto esperávamos pelo *fixer*, que tentava convencer os guardas a abrir uma exceção para nós, apareceu um sujeito todo desdentado oferecendo para nos levar para o território palestino por um do muitos túneis clandestinos que são usados para contrabandear desde cimento até bombas para Gaza", conta Duda. Ele já havia lido reportagens sobre estrangeiros que foram sequestrados tentando entrar na Faixa de Gaza pelos túneis e avaliou, com Max, que o risco não valia a pena.

Eles preferiram voltar ao Cairo e pedir a autorização do governo egípcio. "O funcionário responsável quis dificultar as coisas e insistia que a gente contratasse um primo dele para nos levar à Faixa de Gaza", diz Duda, que depois de conseguir o documento deu uma camisa da Seleção brasileira para o burocrata. Com a autorização em mãos, Duda e Max conseguiram entrar no território palestino. Nos cinco dias em que permaneceram em Gaza, eles enfrentaram dois momentos tensos. No primeiro, foram interpelados por um policial do Hamas, que queria impedi-los de fotografar um campo de refugiados transformado em favela. Só foram deixados em paz depois de muita discussão e da confirmação, pelos documentos que o *fixer* havia conseguido com a cúpula do Hamas, de que havia autorização para a reportagem. O segundo momento de tensão foi a entrevista com os integrantes da Jihad Islâmica, um grupo armado ainda mais radical do que o Hamas. "Eles marcaram a entrevista às onze horas da noite, o que não era nada recomendável do ponto de vista da nossa segurança. No lugar combinado, um homem mascarado e armado com um fuzil AK-47 entrou no nosso carro e nos guiou por caminhos erráticos, até que o motorista já não sabia onde estava. Depois, mandou o carro parar em frente a um terreno baldio a poucos metros da fronteira com Israel. Ali havia outros cinco terroristas armados e igualmente com os rostos cobertos por balaclavas. Mesmo depois de iniciada a entrevista, eu ainda me perguntava se não estávamos mesmo sendo sequestrados. Era o que parecia desde o início", diz Duda. Teria sido fácil raptar a dupla naquelas condições. Por sorte, na equação de interesses daqueles terroristas, naquele momento parecia mais vantajoso exibir suas armas e seu discurso diante dos dois jornalistas do que sequestrá-los.

Os mesmos cuidados tomados pelo editor da *Veja* na Faixa de Gaza foram replicados em sua viagem ao Iraque, em agosto de 2014. Duda optou por concentrar sua apuração no Curdistão, uma região ao norte do Iraque de maioria curda, uma etnia com uma força paramilitar própria, os peshmergas. A expansão do Estado Islâmico esbarrou na resistência militar dos curdos. Em sua viagem ao Curdistão, Duda esteve no limiar da área controlada pelos radicais do Estado Islâmico. Alguns postos de controle visitados por ele estavam muito próximos das posições do grupo. Era preciso confiar integralmente que o motorista curdo não pegaria, por engano, uma estrada que os levaria em minutos para os braços dos terroristas.

Certa noite em Erbil, a capital do Curdistão, Duda estava no quarto do hotel quando recebeu duas mensagens no celular. Uma era de Alice Martins, a fotógrafa brasileira que o acompanhava na reportagem. A outra era minha, seu chefe na redação em São Paulo. Ambos o informávamos que o Estado Islâmico havia acabado de divulgar um vídeo em que mostrava a brutal execução de um jornalista americano, James Foley, e em que ameaçava fazer o mesmo com outro, Steven Sotloff. Eu lhe recomendava cuidado. "*Veja* não quer jornalistas mártires", escrevi. No dia seguinte, no café da manhã do hotel, o *fixer* curdo mostrou o vídeo macabro que Duda tinha evitado assistir na noite anterior.

* * *

Na primeira década e meia do século XXI, como em nenhum outro momento da história, os jornalistas foram alvos preferenciais em zonas de guerra. Pode ter sido uma fase específica, passageira, em que o risco enfrentado pelos correspondentes foi inflado pela ocorrência de duas guerras de longa duração, a do Afeganistão e a do Iraque, e pela Primavera Árabe, que levou à queda de ditaduras longevas, mas desestabilizou a maioria dos países em que ocorreu. Os correspondentes de guerra desempenham o importante papel de testemunhar, decifrar e interpretar os fatos, para que as pessoas que se importam com o que acontece no mundo, mas não podem ou não querem ir ao local dos acontecimentos para ver tudo com os próprios olhos, saibam o que precisam saber. Se a transformação dos jornalistas em alvo preferencial nas guerras for uma tendência que veio para ficar, a verdade continuará sendo a primeira vítima.

Nota

[1] No jargão jornalístico, uma pessoa local contratada para marcar entrevistas, resolver problemas de logística e burocráticos e fazer tradução.

PARTE 2
Um fotógrafo e as guerras
André Liohn

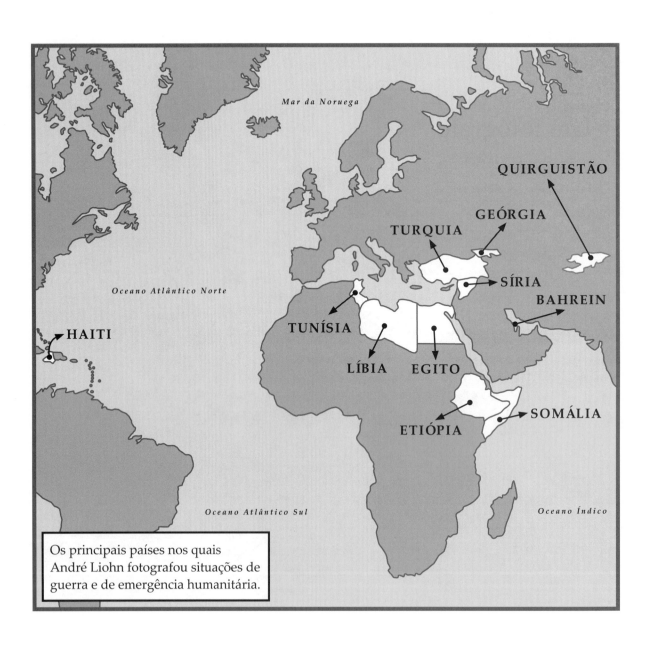

Os principais países nos quais André Liohn fotografou situações de guerra e de emergência humanitária.

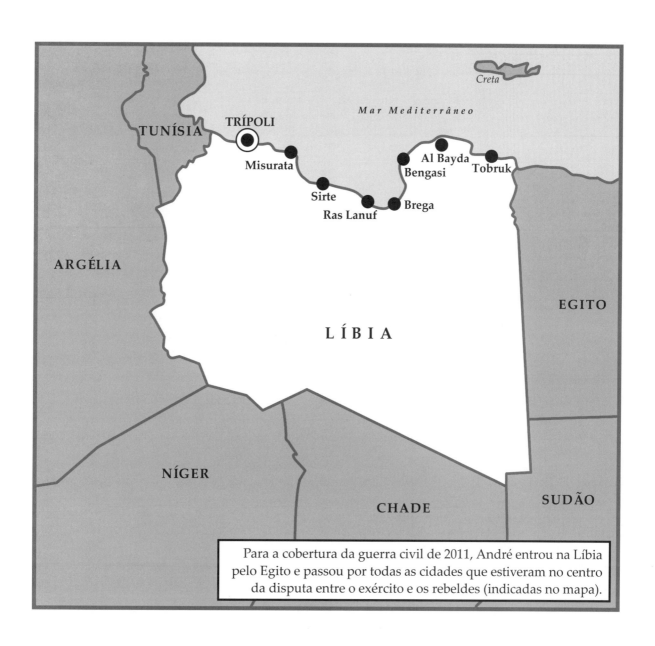

De Botucatu a Zurique

Os morteiros caíam dos dois lados da estrada, no deserto, jogando areia e estilhaços para o alto. Era o início da rebelião armada contra o ditador Muamar Kadafi, da Líbia. Eu estava dentro de uma ambulância, documentando o trabalho dos médicos e enfermeiros que atendiam os rebeldes feridos, nas proximidades da cidade de Brega. A "força rebelde" era basicamente um conjunto de pessoas comuns sem treinamento e sem comando organizado que saíam para combater o exército profissional de Kadafi com armas impróprias ou, no melhor dos casos, insuficientes. Os rebeldes iam à linha de frente de maneira desordenada.

Quando a artilharia do governo líbio começou a disparar, deu-se o caos, o desespero absoluto. As bombas explodiam e todo mundo corria de volta pela estrada, tentando se afastar do *front* de carro, de bicicleta, a pé. A ambulância, em alta velocidade, acompanhava o fluxo que batia em retirada.

114

Correspondente
de guerra

Avistei um estrangeiro com uma câmera de vídeo na mão que estava ficando para trás, a pé. Julguei se tratar de um jornalista. Bati no painel da ambulância e gritei para o motorista:

– Para, para, para!

O carro parou, e eu falei para o sujeito subir. O nome dele era James Foley, americano que trabalhava como *freelancer* para o GlobalPost, um site de notícias internacionais com sede nos Estados Unidos. Ele chegou a filmar o momento em que começou o bombardeio e, pouco depois, as cenas do interior da ambulância. O vídeo que contém essas imagens, com data de 4 de abril de 2011, está disponível no site do GlobalPost, sob o título "Who are the Libyan rebels?" (Quem são os rebeldes líbios?).

Jim e eu ficamos amigos imediatamente. Ele era uma dessas pessoas com a capacidade incrível de fazer com que todos gostassem dele. Era impossível não ser amigo de Jim.

Logo depois, ele foi preso pelas forças de Kadafi junto com outros três jornalistas: a americana Clare Morgana Gillis, o espanhol Manu Brabo e o sul-africano Anton Hammerl. Eles pegaram carona na caçamba de uma picape de rebeldes para chegar à linha de frente. Um dia antes, Clare escrevera um e-mail para mim dizendo que havia conseguido um contato com um comandante que os levaria ao *front*. Eu estranhei, porque àquela altura não havia ninguém realmente no comando dos rebeldes. O fato é que foram levados, por engano, para *além* da linha de frente. Eles saíram do carro para fotografar e os rebeldes acabaram indo embora sem eles. Abandonados no deserto, os quatro jornalistas viram um veículo militar se aproximando por cima de um morro. Quando os soldados líbios abriram fogo, os jornalistas se jogaram no chão, achando que estavam num fogo-cruzado. Anton foi atingido, e só aí os outros perceberam que *eles* eram os alvos. Jim se levantou e foi em direção aos militares líbios, de braços levantados, pedindo que parassem de atirar. Os soldados se aproximaram e, depois de bater um pouco em cada um, capturaram os três jornalistas. Anton, que provavelmente já estava morto, foi deixado no chão. Seu corpo jamais foi encontrado.

A informação de que alguns jornalistas haviam desaparecido no *front* logo chegou a Bengasi, a cidade sob o controle dos rebeldes onde estávamos baseados. Peter Bouckaert, diretor da ONG Human Rights Watch, me ligou de Genebra, na Suíça, pedindo ajuda para identificar os jornalistas presos. Eu e o fotógrafo americano Mike Brown passamos, então, a vasculhar todos os hotéis de Bengasi para descobrir quais jornalistas não haviam voltado para a hospedagem, sem dar notícia, nos dois ou três dias anteriores. Não foi fácil, até porque alguns usaram nomes diferentes no *check-in*. O nome verdadeiro do Manu, por exemplo, é Manuel. Dessa forma, indo de hotel em hotel, identificamos os quatro desaparecidos e, com essa informação, Peter avisou as famílias e a imprensa, iniciando uma campanha para pressionar o governo de Kadafi pela libertação de todos eles. Mark Scheffler, editor de vídeos do GlobalPost, também entrou em contato comigo pedindo informações sobre Jim Foley. Minha resposta para ele foi: "Olá, Mark, obrigado pelo contato. Eu estive com James alguns dias atrás em Brega, onde dividimos o mesmo carro. Sinto ter de informá-lo que James e outros três jornalistas foram capturados pelas forças de Kadafi no dia 4."

Só descobrimos que Anton havia morrido 45 dias depois, quando Jim, Clare e Manu foram soltos. Nesse meio tempo, estive em Nova York para receber um prêmio de fotografia e para uma série de palestras, e cheguei a participar de um encontro organizado pelos pais de Jim para pressionar o governo a trabalhar pela soltura dos jornalistas.

Depois da libertação, Jim me escreveu por e-mail: "*Hey, man*, eu soube que você ajudou bastante a me soltar, valeu, estou em dívida contigo." E eu respondi: "Ah, paga uma cerveja que está tudo certo."

Meses depois, Jim voltou à Líbia para cobrir a queda de Kadafi, e foi aí que nossa amizade realmente se aprofundou. No cerco a Sirte, bastião do ditador, nos tornamos parceiros de cobertura de batalha. Sou muito cuidadoso quando vou para a frente de combate, e Jim era mais intrépido. Eu vou, mas não à toa. Ou seja, só me aventuro no *front* quando tem algo acontecendo. Jamais fico lá, esperando algo para fotografar ou para ver. Além de não ser produtiva, eu sei que a calma é frágil. A qualquer momento você pode ser surpreendido. Jim era o oposto de mim nesse ponto. Ele ficava no *front* o dia inteiro, esperando algo acontecer. Em Sirte conseguimos um equilíbrio. Trabalhávamos um pouco do meu jeito e um pouco do jeito dele.

Jim era uma pessoa em quem se podia confiar. Sempre muito generoso, preocupado com o outro. Eu sentia muita empatia por ele. Carinho, mesmo. Ele nunca deixava ninguém para trás. No ano seguinte, em 2012, já de volta a Nova York, Jim criou o projeto Friends of Anton, para angariar fundos para a família do colega sul-africano morto no dia em que eles foram presos pelo exército de Kadafi. Os três filhos e Penny Sukhraj, mulher de Anton, morando em Londres, estavam passando por dificuldades financeiras após a morte do marido e pai. Jim teve a ideia de pedir a vários fotógrafos que doassem fotos autografadas para serem leiloadas na casa Christie's. Não foi uma iniciativa fácil de colocar de pé. Certo dia, encontrei Jim muito desanimado em um café do bairro de Tribeca. Ele começou a citar várias pessoas que podiam estar ajudando, mas que viraram as costas para o projeto. Ele sentia que talvez não fosse conseguir ajudar a família de Anton. E eu disse:

– Enquanto Anton estava morrendo, você se levantou e pediu para pararem de atirar. Você fez o que pôde naquele momento, e agora é hora de ficar de pé de novo.

E ele se levantou e meu deu um baita abraço. Eu me emociono até hoje quando me lembro dessa cena.

No dia da premiação do Overseas Press Club of America, em que Jim recebeu, com a equipe do GlobalPost, o prêmio de Melhor Cobertura Online e eu a Robert Capa Gold Medal, estávamos ao mesmo tempo felizes e tristes. Muita gente tinha morrido no ano anterior. Não apenas Anton, mas também Marie Colvin, Remi Ochlik e muitos outros. Mais do que isso, havíamos perdido a inocência. Muitos de nós havíamos acreditado que a Primavera Árabe fosse mudar o mundo. Que na Líbia, no Egito e até na Síria o povo mostraria que, a partir de então, tomaria em suas mãos o rumo de seus países, acabando com ditaduras decrépitas. Achávamos que tudo ia terminar bem. Naquele dia, já não tínhamos mais esta ilusão. Assim mesmo, Jim me puxou de lado e pediu a um fotógrafo: "Ei, tire uma foto de mim com esse cara." Estávamos de smoking, eu um tanto quanto desajeitado naquela roupa formal. Só meus pés, dentro das inseparáveis botas militares com bico de metal, estavam no seu devido lugar.

Na festa, cruzamos com Christiane Amanpour, a correspondente internacional chefe do canal de notícias CNN, e pedimos a ela que apresentasse o leilão em prol da família de Anton. Ela topou na hora. E assim foi. No dia 15 de maio, Jim arrecadou na casa de leilão Christie's 135.089 dólares para garantir o futuro dos filhos de Anton.

Depois disso, encontrei Jim em diferentes ocasiões, inclusive na Líbia, novamente. No final de 2012, eu estava no Brasil, e ele contou, por mensagem de Facebook, que planejava ir para a Síria com John

Perdemos a inocência. Muitos de nós havíamos acreditado que a Primavera Árabe fosse mudar o mundo.

Cantlie. Jon, como é conhecido, é um ex-militar britânico que se tornou fotógrafo de guerra. Um verdadeiro kamikaze. Certa vez, na Líbia, eu estava com ele e um grupo de rebeldes atrás de um muro, em meio a um tiroteio, quando uma bala atingiu um dos combatentes do nosso lado. Todos correram para ajudar o ferido. Jon, não. Ele pulou, todo animado, e deu um grito de excitação. É do tipo que vibra com a adrenalina de estar no meio de uma guerra. Definitivamente não é alguém que eu recomendaria como parceiro de viagem.

Eu alertei, por mensagem de texto do Facebook:

– Jim, deixe o Jon fora dessa, ele é perigoso, cara.

– Fiquei pensando no que você disse, *bro*. Ele estava em Sirte, e ficou em uma *katiba* por mais tempo do que qualquer um. Eu estive com ele em várias patrulhas. Ele não é um cowboy, cara. Mas obrigado por se preocupar!

Katiba era como os líbios se referiam, em árabe, a um quartel.

Jim tinha essa qualidade, que na verdade só faz bem para os outros, de não julgar as pessoas. E, assim como ficou meu amigo com facilidade, também se tornou grande companheiro de Jon. Tanto que o inglês o convenceu a ir para a Síria para fazer uma reportagem sobre um sequestro que o próprio Jon e o fotógrafo holandês Jeroen Oerlemans haviam sofrido um pouco antes. Eles haviam sido pegos reféns em julho de 2012 por um grupo de combatentes islamistas afiliados à Al-Qaeda, e foram libertados uma semana depois por rebeldes sírios moderados. A ideia de voltar ao lugar do sequestro cinco meses depois era uma verdadeira loucura, e Jim caiu nessa roubada. Ao sair de um cibercafé, Jon e Jim foram abordados por homens armados e se tornaram reféns do até então pouco conhecido grupo jihadista Estado Islâmico do Iraque e da Síria.

Passou-se quase um ano e meio sem que se tivesse qualquer notícia dos dois. Certo dia, em 2014, Rebecca Sanchez, uma amiga que trabalha no GlobalPost, me contou que os sequestradores mandavam para os editores do site mensagens frequentes, que deveriam ser enviadas para os pais de Jim e para o governo americano, pedindo resgate e fazendo tortura psicológica com a família. Essas mensagens continham provas de que Jim estava vivo. Um pouco depois, um amigo nosso, o jornalista espanhol Ricardo Vilanova, que havia sido sequestrado um pouco depois de Jim, foi solto mediante resgate milionário, pago pelo governo de seu país. Ele confirmou que havia se encontrado com Jim no cativeiro e que ele estava vivo.

Eu liguei para Ricardo para saber se ele estava bem, mas não perguntei sobre Jim, porque não queria que se sentisse pressionado a dar informações que pudessem colocar nosso amigo em risco.

Um pouco depois, a minha amiga no GlobalPost me contou que havia chegado um e-mail do Estado Islâmico dizendo que Jim seria executado. O e-mail foi recebido pela família do jornalista no dia 12 de agosto de 2014. Preocupado, liguei para vários amigos, entre eles Ricardo.

– Como você soube disso? – perguntou ele.

– Uma pessoa me disse.

– André, se você acredita em Deus, começa a rezar agora.

Mas eu não acredito. E não rezei.

Na data marcada pelos terroristas, não veio informação alguma. Só sete dias depois do e-mail recebido pela família foi divulgado o vídeo em que Jim Foley aparece primeiro vivo, de joelhos, com uma faca no pescoço, e, em seguida, morto, decapitado. Eu estava em um restaurante em Roma com alguns amigos quando o Ricardo me ligou para dar a notícia. O Jim morreu. Foi duro ouvir aquilo.

Naquela noite, voltei para casa e entrei no Skype para falar com Clare e Manu, em conferência. Ficamos até de manhã conversando. Clare estava em Sarajevo, eu acho. Manu, na Espanha. Falamos de Jim e de nós mesmos. Foi um momento cheio de humanidade, que só um cara como Jim poderia ter motivado.

Eu fiquei com muita raiva dos criminosos que fizeram aquilo com ele. E, dias depois, quando divulgaram um vídeo em que outro jornalista americano, Steven Sotloff, aparecia sendo executado da mesma forma, decapitado, tentei ficar com ainda mais raiva. Não consegui. Eu já estava sentindo toda a raiva de que era capaz.

Eu nunca assisti aos vídeos.

No site oficial do projeto Friends of Anton, no alto da página, há um aviso:

Friends of Anton perdeu sua força motriz em 19 de agosto de 2014. Nós te amamos, Jim.

* * *

Desde cedo, na minha vida, vi meus amigos morrerem de forma violenta. A fotografia é que veio tarde.

Eu nasci em Botucatu, no interior de São Paulo, em 1974, e sempre achei que morreria antes dos 40 anos. Meus pais eram assistentes de enfermagem do hospital da Universidade Estadual de São Paulo (Unesp), que fica no distrito de Rubião Júnior, onde também morávamos. Éramos uma das famílias mais pobres de uma redondeza já bastante pobre. Nossa casa era um barraco de madeira pequeno, com chão de cimento, situado no fim de uma rua de terra, próximo a uma linha de trem. Havia uma entradinha com um sofá, apenas, e um cômodo único que funcionava como cozinha e quarto. Eu e meu irmão mais novo dormíamos ao lado de uma pia com fogão. O canto do barraco que servia de quarto para meu pai e minha mãe era separado do nosso por um armário. Não tínhamos geladeira. Meus pais só conseguiram comprar uma quando eu já tinha 8 anos de idade. Também não havia banheiro, apenas uma fossa no quintal.

A grana era tão curta que não dava nem para o leite do meu único irmão, Leandro, quatro anos mais novo que eu. Ainda bebê, ele tomava água com açúcar na mamadeira. Passávamos fome, a ponto de eu acordar de manhã com tontura, me sentindo fraco. Criança, eu talvez não entendesse o motivo dessa sensação. Hoje, eu sei que era falta de comida.

Em frente ao nosso barraco havia a SAEF, uma fábrica que produzia contêineres para trens e outros materiais de fibra de vidro. A empresa matinha um lixão industrial bem do lado do terreno da nossa casa. Consistia em um enorme buraco onde era descartado todo resto de material da produção, desde sobras de fibra de vidro até pedaços de metal. Para reduzir o volume do lixo, os funcionários colocavam fogo naquilo tudo. Coisa de terceiro mundo, mesmo. Para nós, crianças, aquilo era matéria-prima para brinquedos improvisados. Gostávamos muito de entrar ali para recolher rolos de solda usados, feitos de plástico, para usar como rodas de carrinhos de madeira que fabricávamos com dois caixotes e dois pedaços de pau. Mas era um lugar perigoso, o buracão. Além de ter objetos tóxicos e até cobra, era um local ermo, onde ocorreram alguns estupros. Eu mesmo, aos 8 ou 9 anos, escapei de ser estuprado por um garoto mais velho. Em outra ocasião, um amigo meu, Luciano, caiu lá dentro justo quando os funcionários da fábrica estavam incinerando lixo. Ele se queimou feio.

Por tudo isso, meus pais, com razão, tinham medo de nos deixar sozinhos durante o dia. Eles tentaram resolver esse problema trabalhando em turnos diferentes. Quando minha mãe trabalhava à noite, meu pai ia para o hospital durante o dia, e vice-versa. Mas quem ficava em casa de dia precisava dormir, e acabava não conseguindo cuidar tão bem de mim e do meu irmão.

Meu pai, além disso, tinha problema com álcool e drogas. Ele bebia muito, voltava para casa fora de si e acabava batendo na minha mãe. Era uma catástrofe quando ele chegava. Essa fase passou, e eles estão juntos até hoje. Mas na minha infância e adolescência, o ambiente doméstico era barra-pesada. Por causa das brigas, minha mãe às vezes ia passar uns dias na casa dos pais dela, que ficava na cidade, bem na entrada de quem vem de São Paulo. Ela nos levava junto. Em frente à casa onde os meus avós moravam havia uma praça deteriorada, onde brincávamos. Quando terminei a segunda série do fundamental, pedi para estudar na cidade. Com isso, acabei indo morar com meus avós. Fiquei um ano em uma escola chamada Américo Virgínio e depois fui estudar no EECA (Escola Estadual Cardoso de Almeida), que era considerado um dos melhores colégios públicos de Botucatu. Os alunos de lá usavam um uniforme legal, uma calça esporte com camiseta verde clarinho. Mas foi um desastre para mim. Eu não conseguia acompanhar as aulas. A base educacional que eu tinha das escolas públicas anteriores era muito ruim.

Além disso, eu era um moleque muito agressivo. Por qualquer motivo, eu saía batendo nas outras crianças, dando chute na boca e tudo mais. Eu vinha de escolas onde essa era a forma de resolver as coisas. No Américo, por exemplo, todo dia tinha briga. Certa vez, um garoto bateu no meu rosto com uma pedra e eu desmaiei. Só me lembro de um amigo gordão e grande, o Evandro, me levantando e, depois, de ser levado para o hospital. Apanhando, aprendi a me virar. Pelos problemas de aprendizado e de comportamento, acabei repetindo a quarta série, e isso só piorou as coisas. Os novos alunos eram menores do que eu, e me sentia ainda mais à vontade para distribuir socos. Repeti de novo, e quando cheguei à quinta série já estava três anos atrasado. Meus colegas tinham 11 anos, e eu em torno de 14. Eu estava feliz de começar a quinta série, mas no primeiro dia de aula tive um susto: havia sido transferido para o período da tarde, reservado para os alunos problemáticos. A sala de aula só tinha alunos repetentes, como eu. Fiquei totalmente desestimulado. Comecei a faltar, às vezes simplesmente para ficar na frente do colégio fumando maconha.

Nessa fase, minha família se mudou definitivamente para a cidade. Meu pai diminuiu as bebedeiras, e ele e minha mãe conseguiram juntar dinheiro para financiar a compra de um terreno e a construção de uma casa. Nosso novo lar ficava no limite entre a zona de prostituição e um bairro residencial de classe média alta, a Vila dos Médicos. Na porta da nossa casa tinha uma plaquinha onde se lia: "Residência familiar." Era uma maneira de evitar que os clientes da zona viessem nos incomodar por engano no meio da noite.

Morar na cidade foi um choque para mim – mesmo antes, quando eu ficava na casa dos meus avós. Em Rubião Júnior, andávamos descalços e fazíamos as necessidades no mato. Na cidade, não podia. Na civilização, era preciso se comportar. Eu sentia o preconceito. A casa vizinha à nossa, por exemplo, pertencia a um médico que sequer permitia que seus filhos andassem com a gente. E eu sempre fui uma pessoa de fazer amizade com todo o tipo de gente, de me relacionar fácil, apesar de ser muito explosivo.

Com o tempo, as brigas foram ficando mais arriscadas. Havia um garoto no meu bairro que aos 12 ou 13 anos já tinha uma gangue barra-pesada e andava armado. Eles tinham um assovio próprio que os identificava. Vendiam drogas e faziam extorsão a donos de bares e lojas. Eram muito organizados e perigosos. Eu tive o azar de dar uma surra nesse garoto bem na época em que ele estava se tornando bandido. Ele jurou que ia se vingar. Toda vez que ia para casa, para a escola ou para qualquer outro lugar, eu era obrigado a passar pela rua onde ele morava. Não havia outro caminho. Tinha medo que ele me matasse, se me visse. Era um estresse danado.

Ele acabou morrendo cedo, e todos os garotos da região ficaram aliviados – eu também. Foi assassinado em uma festa de Santo Antônio na igrejinha de Rubião Júnior. Aprendi a não comprar mais briga com criminoso ou amigo de criminoso, porque logo teria dez comparsas atrás de mim. Passei a ignorar essa gente, mas nunca estava completamente seguro, obviamente. Não tinha como estar bem, ser respeitado ou mesmo ser deixado em paz por essas gangues. Havia sempre uma tensão.

Claro que também tive turmas boas nessa época. Havia uma família muito bacana que morava nas proximidades, que tinha uma estrutura intelectual e econômica melhor do que a média. A mãe era uma senhora muito gentil e inteligente, e o pai era ex-padre, criava coelhos e tinha uma horta sensacional em casa. Fiz amizade com os filhos deles, o Daniel, cujo apelido era Cabeça, e o André. Eu gostava de frequentar a casa deles, junto com o Rafael e o Diguinho. Esse pessoal queria ser "cabeça", ou seja, queria ter namorada, queria ser adulto para trabalhar, ter independência. Eu admirava isso, mas não estava na mesma sintonia que eles. Eu era moleque, e ponto.

Eu não tinha planos. Na verdade, não fazia nada da vida, além de cabular aula. Comecei, então, junto com outra turma de amigos, a roubar carro. Pegávamos Opala, Passat e outros carros do tipo para dar uma volta pela cidade, e depois largávamos em qualquer lugar. Às vezes, furtávamos os pneus e os faróis de milha para vender. Eu tinha uns 14 anos. Um dos meus cúmplices de delinquência infantil trabalhava na guarda mirim, que em Botucatu vendia boletos de estacionamento na rua principal. Ele tinha carteira assinada e tudo. O outro vendia leite. Eu era o único realmente vagabundo. Ainda não podíamos ser chamados de bandidos, mas eles começaram a gostar da coisa. Tudo acontece muito rápido quando se é adolescente. Primeiro, eles falaram em começar a vender os carros. Eu recusei. Compraram, então, uma garrucha, uma arma de dois tiros. Era um troço precário, mas capaz de matar.

– Isso, não. Arma eu não quero – eu falei.

– Vamos lá, André, a gente faz uns assaltos, ganha uma graninha – eles insistiram.

E eles foram. Eu caí fora.

Um deles acabou assassinado a tiros logo depois. Tentou assaltar uma loja e o dono mandou matá-lo. Não foi o primeiro amigo que perdi por morte violenta e, confesso, nem fiquei triste. Mortes assim eram comuns naquele meio em que eu cresci. Só fiquei com medo que minha mãe descobrisse que eu e ele tínhamos roubado carro juntos. Meu outro parceiro de pequenos delitos foi preso, começou a usar drogas pesadas e se afundou muito. A última vez em que eu o vi, há uns dez anos, ele estava na rua. Fui conversar, e ele perguntou quem eu era. Eu contei, ele se lembrou, perguntou o que eu andava fazendo, fiz a mesma indagação e a resposta foi algo como: "Virei matador, já apaguei umas seis pessoas..." Imagina...

Outro amigo, um sujeito bacana, também teve um fim terrível ainda adolescente. Envolveu-se com droga, como é de praxe, e partiu para roubos e outros crimes. Acabou sendo preso e torturado até a morte por um grupo de extermínio da polícia. Eu vi o corpo dele jogado em um terreno baldio perto de casa, com os ossos todos quebrados, todo torto. Os policiais bateram nele até cansar, mataram-no e desovaram o corpo por ali mesmo, para servir de exemplo. Ficou aquela aglomeração de gente em frente ao terreno para matar a curiosidade. Os adultos não tinham sequer a preocupação de preservar as crianças, de não deixar ver.

Eu comecei a tomar um rumo na vida quando conheci o Milton Daré, um artista plástico, gay assumido, que tinha um ateliê em um anexo da Igreja Nossa Senhora de Lourdes. Ele reunia a molecada problemática da periferia e ensinava a fazer tapeçaria e bordado. Nós produzíamos as peças e ele nos pagava por quilo. Muita gente odiava o Milton, por homofobia ou por ele ser uma pessoa que confrontava os outros. Mas o fato é que ele foi muito bom para muita gente da periferia, como eu. Fiquei uns dois ou três anos trabalhando para o Milton. Eu estudava em um período e no outro ia para o ateliê. Tudo isso foi mais ou menos na mesma época em que eu roubava carro, brigava na escola e experimentava drogas variadas. Mas conhecer o Milton me deu não apenas uma noção de trabalho manual e artístico, como abriu minha cabeça sobre religião, sobre a sociedade em que vivíamos e sobre a importância de ter opinião própria. O padre responsável pela paróquia era o frei Afonso Maria Lorenzon, que tinha o hábito de ir ao ateliê quando Milton não estava para pedir que os meninos mostrassem seus "pardaizinhos" para ele. Eu mesmo fui vítima desse assédio, mas não cedi. Outros meninos, mais ingênuos, mostravam. O frei Afonso tinha sérias desavenças com o Milton e acabou expulsando-o do espaço cedido pela igreja, e o ateliê acabou. Uma injustiça, porque se existe alguém que deveria ter sido expulso daquela paróquia, era o padre pedófilo.

Na escola, as coisas estavam cada vez piores. Pedi transferência para a noite, mas não adiantou. Tive uma briga feia com um professor de Matemática e acabei abandonando os estudos. Arranjei alguns empregos que duraram pouco, como o de vendedor de loja de material de construção. Também trabalhei numa farmácia e numa lanchonete. Eu era muito volátil. Com o passar do tempo, eu melhorei, mas continuei sendo uma pessoa de profissões-relâmpago. Quando começo uma atividade profissional, aprendo muito rápido, mas logo perco o interesse. A fotografia foi uma exceção.

Na juventude, em Botucatu, flertei com diversas formas de expressão artística, mas não levei nenhuma a sério. Aos 18 anos, entrei para um grupo de teatro. Participei da montagem de apenas uma peça, *Escola de Mulheres*, do Molière – horrível, por sinal. Eu era péssimo ator. Nos apresentamos em um festival de teatro em Marília, no interior de São Paulo, e fomos vaiados. Depois fizemos uma apresentação em Piramboia, um distrito de Anhembi, e o público pensou que a peça tinha acabado antes. Não sabíamos se continuávamos ou não, até que alguém do grupo disse: "Para, para; se eles acreditam que parou, é melhor parar mesmo." Também fiz aulas de violão, mas não consegui me dar bem com o professor, e desisti. Assim mesmo, eu me metia a tocar baixo, dando canja em bares da cidade em companhia de dois alemães, Moritz e Ingo.

Por essa época, eu trabalhava na loja de material elétrico e contava para os chefes e colegas que estava cursando a oitava série. Eu tinha vergonha de admitir que nunca havia passado da quinta série. Até o dia em que um funcionário da empresa pediu para eu fazer um cálculo muito elementar. Incapaz de solucionar a equação, fui desmascarado. "Ah, então é mentira, você não está estudando", falou o sujeito. Tomei, então, a decisão de fazer um curso supletivo, para recuperar o atraso no ensino.

Na maior parte do tempo, porém, eu ficava andando pela cidade, conversando com quem encontrasse e topando qualquer convite que me fizessem. Podia ser uma roubada ou não, o importante era ocupar o tempo e a cabeça. Numa dessas, assisti a uma palestra do dramaturgo Plínio Marcos em um cursinho pré-vestibular. Noutra, fiz amizade com uns hippies que estavam vendendo artesanato na Praça do Bosque, no centro da cidade. Com eles aprendi a fazer bugigangas de durepox, pulseirinhas e colares. Um dia, um hippie argentino falou:

– Estou indo para o Espírito Santo.

– Vou também – respondi.

Fui para casa e contei para os meus pais. Eles não queriam deixar, e acabei brigando feio com meu pai. Chegamos a nos agredir fisicamente. Ele falou:

– Você vai viajar com aquele vagabundo, aquele drogado?

– Que é isso, como você sabe que ele é drogado e vagabundo, você compra no mesmo lugar que ele? – repliquei.

Eu sabia que meu pai fumava maconha e cheirava cocaína, e estava sendo hipócrita. A gente brigou, com agressão física, e eu fui embora. Ele me deu um soco no rosto que me deixou com dor por vários dias. O argentino e eu pegamos um "puxa-lata", o trem noturno para São Paulo que só tinha mendigo, e nos estabelecemos na Praça da República. Passamos uns dias dormindo ao relento, em bancos, vendendo pulseirinhas. Até que algum hippie falou:

– Vamos para Santos?

– Vamos.

Tomamos o metrô até a estação Jabaquara. No grupo tinha uma hippie bonitinha com um bebê que começou a pedir esmola, e rapidamente juntou dinheiro para comprar passagem para a turma toda. Em Santos, dormimos numa praça e depois num puteiro, onde fiz alguns trabalhos de conserto. De lá, pegamos carona até o Espírito Santo. Depois de um tempo, resolvi voltar. Estava cansado de dormir na rua o tempo inteiro. A minha fase hippie-mendigo durou quatro semanas.

Quando cheguei a Botucatu, minha mãe, que se dera conta de que não tinha nenhum controle sobre mim, achou por bem me mandar para um psiquiatra. Ela acreditava que eu estava dependente de droga. De fato, eu usava maconha, cocaína e, raramente, crack. Mas, na época, crack era considerada droga de cortador de cana, e não era minha preferida. Dizer que eu era um dependente químico, porém, era um exagero. O tal médico toxicologista era um preconceituoso que ficava enfiando bobagem na cabeça da minha mãe. Tudo isso me deixava muito revoltado, e eu precisava achar uma forma de sair dali, daquela cidade.

A oportunidade para isso apareceu quando o cantor e dramaturgo Oswaldo Montenegro foi fazer um show. Ele comentou no palco que tinha um grupo de teatro em São Paulo e eu pensei: "Arrá! Vou fazer teatro com o Oswaldo." Parecia genial. Depois do show, fui falar com o cantor, peguei o endereço e no dia seguinte já estava pedindo carona para ir a São Paulo. Eu não tinha dinheiro nenhum, nem para pagar o curso, que durava um mês. Eu não conhecia ninguém na capital paulista. Sabia que meu pai tinha uma irmã, mas não tinha contato com ela. Assim mesmo, fiz a inscrição no curso e combinei de pagar em duas vezes com nota promissória. Liguei de um telefone público para

130
Correspondente
de guerra

uma pensão ali perto e perguntei se tinha vaga. Disseram que sim, e fui até lá. Depois de olhar o quarto, expliquei a situação para o dono, um velho cabeludo chamado Fernando:

– Eu quero ficar aqui, o quarto está uma maravilha, mas eu não tenho dinheiro para pagar agora. Posso pagar daqui a alguns dias, porque eu cheguei a São Paulo hoje, quero fazer teatro, sabe como é...

– Poxa, bicho, eu não iria fazer isso pra ninguém, mas gostei de você. Vou abrir uma exceção – respondeu ele.

Minha mãe mandou dinheiro para a pensão e para as mensalidades. Depois que o curso terminou, resolvi ficar em São Paulo, e acabei de novo indo morar na Praça da República, pois não tinha mais dinheiro para nada. Lá eu reencontrei o Plínio Marcos, vendendo seus livros. O curso não havia rendido nenhuma oportunidade de trabalho para mim. Mas mantive contato com vários dos meus colegas, e comecei a dormir ora na casa de um, ora na casa de outro. Eu passava uns três meses em cada lugar. Como eram todos jovens como eu, a certa altura os pais me enxotavam e eu tinha que procurar pouso em outro local.

Decidi fazer provas e teste para a Escola de Arte Dramática (EAD), da Universidade de São Paulo, que por ser escola técnica não exigia colegial. Como eu tinha feito o supletivo do ensino básico, podia prestar. Fui aceito, mas não fiz o curso. Naquele momento, estava perdendo interesse na ideia de ser ator. Aquela coisa de todo o dia ir ao teatro e, durante uma temporada inteira, falar o mesmo texto me aborrecia. Eu tinha essa característica na juventude de me boicotar sempre que uma coisa começava a ir bem. Foi assim com a música e foi assim com o teatro. Em vez de fazer a EAD, fui trabalhar fantasiado de monstro nas Noites do Terror do PlayCenter, então o principal parque de diversões de São Paulo. Isso foi na transição da moeda nacional de cruzeiro para real. Eu ganhava 300 URVs para assustar as pessoas, o equivalente então a quase 300 dólares. Para quem sempre havia recebido apenas salário mínimo, era uma pequena fortuna. Isso representava seis meses de salário. Com o dinheiro em mãos, resolvi voltar a Botucatu.

Dois anos depois, em 1996, sugeri à atriz Christiane Tricerri, com quem eu havia feito amizade em São Paulo, que levasse a Botucatu a peça *Quíntuplos*, que ela estrelava e produzia, com direção de Maria Alice Vergueiro. O Teatro Municipal da cidade havia acabado de ser reinaugurado, depois de muito tempo fechado, e me pareceu uma boa oportunidade. Ela disse que não tinha ninguém para organizar a ida do grupo, e eu me prontifiquei a fazê-lo – apesar de não ter experiência. Falei com os administradores do teatro em Botucatu, consegui patrocínio e organizei a logística. Foi um sucesso. Ganhei pouco dinheiro, mas era melhor que nada, e me senti estimulado a trabalhar como produtor cultural.

Pouco depois, Christiane me apresentou ao ator Ney Latorraca, em um bar de São Paulo:

– Esse menino aqui fez a produção nossa lá em Botucatu e foi muito bom.

– Ah, é? Então faz a produção para mim, também – disse Ney.

A peça era *Quartett*, com direção de Gerald Thomas, e continha simulações bastante explícitas e animalescas de sexo.

Foi fácil conseguir patrocínio para levar a peça a Botucatu, pois todos, em seu provincianismo, queriam ver um ator da TV Globo de perto. Os patrocinadores até estipularam como condição que queriam jantar com Ney depois da apresentação. O ator topou, contanto que lotassem o teatro. E assim aconteceu. Só que a peça foi um escândalo para os padrões interioranos de então. O público, horrorizado, começou a deixar o teatro no meio da apresentação. No final, Ney ainda disse: "Quero agradecer o André, que nos trouxe, um garoto de apenas 20 anos..." Eu achei o máximo, porque, como todo jovem, adorava transgredir, mas um dos jornais da cidade criticou muito. Acabei comprando briga com muita gente. Fui até na rádio xingar meia população botucatuense e falar mal da cidade.

A experiência não me desestimulou. Fui em frente com minha carreira de produtor cultural. Levei o cantor Edson Cordeiro para a cidade, num show muito legal, mas que não me deu dinheiro nenhum, porque todo mundo me passava a perna. Fiquei até devendo dinheiro. Devido ao sucesso do show do Edson, a prefeitura me pediu para organizar uma apresentação do Gilberto Gil para marcar a inauguração de um ginásio esportivo. Relutei, porque nunca tinha produzido um show tão grande. Mas me convenceram, dizendo que iam arcar com todos os custos e que, como pagamento pelo trabalho de organizar tudo, eu receberia o faturamento de 20% dos ingressos. O show aconteceu e deu tudo certo – apesar da torcida contra de um padre que foi à rádio fazer escândalo porque o Gil era ligado ao candomblé. Mas a bilheteria foi menor do que o esperado e ninguém ganhou nada. Deu para pagar o cachê do cantor, mas a prefeitura não conseguiu recuperar o investimento inicial, de 18 mil reais. O colunista de um jornal da cidade, metido a diretor de teatro, que estava bravo comigo porque não ganhou ingresso de graça para o show do Edson Cordeiro, fez um escândalo por causa desses 18 mil reais. Na realidade, ele estava indignado porque a prefeitura gastou esse dinheiro em um evento organizado por mim, e não em uma peça de teatro dele ou em outra atração cultural qualquer. Foi um inferno, a ponto de cair o secretário de Cultura.

Comprei briga com todo mundo, e comecei a ficar desgostoso com a cidade. Eu era inexperiente, encrenqueiro e, para falar a verdade, não tinha a educação formal necessária para agir de maneira mais conciliadora. Eu tinha ótimas intenções, mas lidava mal com os problemas e era honesto demais. Na verdade, até hoje sou do tipo que joga limpo sempre, que diz as coisas sem rodeios. E isso tudo desembocou num desastre que foi a tentativa de levar o show Acústico dos Titãs para Botucatu. Novamente, foi um pedido da prefeitura.

– Vocês estão loucos, isso é grande demais para mim, não vou trazer os Titãs, respondi.

Mas eu era jovem, e acabei me deixando convencer. Procurei os comerciantes da cidade para angariar o dinheiro para o cachê da banda. Consegui quase tudo, e o restante daria para completar com a bilheteria. Fechamos contrato com a banda e começamos a vender ingresso. Mas as vendas não estavam boas e um comerciante desistiu de pagar os 10 mil reais que ele tinha prometido porque um designer errou a grafia do nome da loja dele no cartaz de patrocínio. Uma desculpa muito esfarrapada. O fato é que não havia mais dinheiro para pagar a banda. Faltavam 10 mil reais e, duro do jeito que eu era, não tinha de onde tirar. Três ou quatro dias antes, tivemos que cancelar o show. O empresário dos Titãs aceitou devolver parte do dinheiro que recebera adiantado, mas não era o suficiente para reembolsar muitas das pessoas que tinham comprado ingresso. Todo o dinheiro que eu tinha usei para devolver para os compradores, mas ficaram faltando uns 5 mil reais.

Queriam me matar em Botucatu. Literalmente. Recebi ameaça de morte. Eu não tenho medo de ninguém, mas fiquei desgostoso. Foi por causa desse episódio que surgiu o nome que uso para assinar minhas fotos e pelo qual sou conhecido no fotojornalismo. Meu nome de batismo é André Garcia de Oliveira. Quando comecei a me aventurar na produção de shows em Botucatu, tive que criar uma empresa, a Liohn Produções Artísticas. "Liohn" era uma palavra que eu ouvia minha avó materna falar quando eu era criança. Não me lembro do contexto, sei apenas que era quando ela contava histórias do pai dela, um alemão de origem judaica que emigrou para o Brasil. Depois do show do Titãs, as pessoas em Botucatu começaram a me chamar de André "Liohn" de maneira irônica, que era para deixar claro para mim que nunca se esqueceriam do calote que levaram na história dos ingressos. Não esqueceram mesmo. Já se passaram mais de 20 anos e, até hoje, se alguém perguntar na cidade sobre aquele show dos Titãs que não aconteceu, vai ter quem fale do André "Liohn".

De raiva, resolvi assumir o apelido jocoso que me deram como nome próprio. Hoje sou cidadão norueguês e no meu passaporte europeu está lá: André Liohn. O episódio do fracassado show dos Titãs também serviu para eu perceber que não tinha perspectiva nenhuma de vida em Botucatu. Eu tinha estudado apenas até a oitava série do supletivo e não tinha confiança nos moradores da cidade – e eles também não tinham em mim, para ser justo. Eu ia me dar muito mal se ficasse lá. "Não quero mais saber deste lugar", disse para mim mesmo, com desgosto.

Por outro lado, eu não tinha ideia do que podia fazer com a minha vida. Pensei em ir para São Paulo, mas não tinha onde ficar. Então me lembrei de uma monja taoísta que eu havia conhecido em Botucatu anos antes; eu tinha até me batizado no taoísmo depois de assistir a uma palestra dela. Fui para São Paulo, completamente sem dinheiro, e pedi abrigo em sua casa. Fiquei dormindo na garagem. Certo dia, eu estava almoçando com ela e falei:

– Putz, eu queria era ir embora dessa merda de país.

– Você está muito mal mesmo.

– Estou.

– Eu te dou a passagem para você ir embora – disse ela.

– Você me dá a passagem?

– Você iria para onde?

– Ah, tenho um amigo na Suíça.

– Você consegue falar com ele?

– Vou tentar.

Conhecia o Michael, o amigo suíço, da Demétria, uma fazenda em Botucatu onde há uma comunidade que segue a antroposofia, uma filosofia e um estilo de vida desenvolvidos pelo austríaco Rudolf Steiner no início do século passado, e da qual faz parte a pedagogia Waldorf. Muitos europeus fazem estágio ou acabam se mudando de vez para a Demétria por causa dessa comunidade. Pois consegui o contato de Michael:

– Michael, posso ir para a Suíça?

– Ah, vem.

No dia seguinte fui com a monja taoísta numa loja da Vasp e compramos uma passagem São Paulo-Zurique. Meu pai, minha mãe e meu avô me deram uns 500 reais que eles conseguiram juntar, e foi com esse dinheiro que eu desembarquei na Europa. A grana durou menos de uma semana. Eu estava em um país desconhecido, sem saber falar a língua local, sem meio de sustento e sem ter a menor ideia do que fazer da vida. Parece ruim? Na verdade, uma tábula rasa é a condição ideal para um recomeço.

De Aarau a Trondheim

A fotografia, para mim, é uma forma de me posicionar politicamente. E o que eu busco em cada clique é o trauma, o momento a partir do qual a vida da pessoa ou da sociedade que eu estou retratando nunca mais será o mesmo. Atualmente, o trauma é visto como algo a ser evitado a qualquer custo. Vive-se hoje a ilusão do mundo perfeito, em que qualquer experiência impactante logo causa uma condição muitas vezes diagnosticada como estresse pós-traumático – que precisa ser curada, combatida, a qualquer custo. Vamos supor que eu sofro uma queda e quebro o braço. O médico examina e diz: "André, não se preocupe, vou imobilizar e em um mês você estará bom." Ou ele diz: "André, você teve fratura exposta, vamos ter que operar." Ou, uma terceira opção: "André, seu braço gangrenou, vamos amputar." Em qualquer situação, eu vou ter de aprender a conviver com meu braço machucado, seja engessado, operado ou amputado. Na primeira hipótese, mesmo depois de tirar o gesso, provavelmente vou ser cuidadoso ao apoiar o braço. Na última, terei de aprender a fazer tudo só com um braço. A ruptura transforma sua vida. É esse momento de virada, de transformação que eu procuro retratar. Pode ser a expressão no rosto de um soldado no momento em que ele cai nas mãos do inimigo ou de uma menina que teve a perna decepada depois de ter sido retirada dos escombros de uma casa que desabou por causa de um terremoto. E espero sempre que ao ver fotos como essas, o espectador também mude, e que ele tome uma atitude que, somada à de outras pessoas, torne o mundo melhor. Não acho que minhas fotos sejam ofensivas. Quero que as pessoas vejam e digam: "Então é assim? É isso que está acontecendo?". Elas podem até tentar ignorar os fatos documentados nas fotos, mas, ao fazê-lo, já estão tendo que tomar uma decisão. É como se eu estivesse criando um trauma na representação que o espectador tem do mundo.

A minha saída de Botucatu foi traumática. E isso transformou minha vida para sempre, dando-lhe outro rumo. Se não tivesse acontecido, eu não seria hoje o que sou, não faria o que faço.

Na Suíça, morei durante uns dois meses com meu amigo em Aarau, uma cidade muito pequena no cantão Aargau, na parte alemã do país. Nesse período, conheci um amigo dele que era artista de rua. Ele era mágico. Tentamos fazer algo juntos, mas foi um desastre. Eu era muito ruim, e acabei atrapalhando a *performance* dele. Fiz uma máscara com papel machê, algo que eu tinha aprendido no curso de teatro em São Paulo, e fomos até a cidade de Basel, sem nem mesmo ensaiar. Foi tão ruim que no final só tínhamos dinheiro para pagar a passagem de trem de volta para casa.

Este mágico de rua era, também, lenhador. Como eu estava completamente sem dinheiro, pedi que ele me levasse à fazenda onde tra-

> As pessoas podem até tentar ignorar os fatos documentados nas fotos, mas, ao fazê-lo, já estão tendo que tomar uma decisão.

balhava para conseguir um emprego. Eu trabalhava sem documentos, ilegalmente, mas ainda assim ganhava mais do que em qualquer outra função que eu tinha desempenhado no Brasil. Eu era muito magro, e o trabalho era fisicamente brutal. Minha função era basicamente cortar os galhos das árvores que haviam sido derrubadas, com uma motosserra, e amontoá-los para que mais tarde fossem transportados até a sede. Para chegar até a árvore, eu tinha que subir a encosta de uma montanha com neve até o peito. No primeiro dia, achei que não fosse aguentar. No segundo, também. Mas fiquei. Aprendi que quando se pensa que é impossível dar mais um passo sequer, ainda que o corpo não queira mais, a mente ordena, e ele vai.

No Brasil, ninguém sonha em ser lenhador. Mas lá era uma profissão tão digna, com um salário que permitia um padrão de vida justo, que comecei a querer aquilo para o resto da vida. Fiquei mais forte, fisicamente. Comecei a namorar uma garota que estudava para ser técnica agrícola e fazia estágio na fazenda onde eu trabalhava. Já comecei a me imaginar como André, o lenhador, montando uma família de lenhadores na Suíça.

Eu morava numa república, numa casa que estava para ser demolida. Havia vários jovens morando lá. Tinha uma dançarina e um percussionista, que formavam um casal, o mágico, um estudante de engenharia que tocava violão e eu. Meu cantinho era o sótão da casa, que eu limpei para ficar adequado para dormir. O espaço tinha só uma janela, que não dava para abrir porque era inverno e nevava muito.

Usava-se muita droga naquela casa, mas eu não queria mais saber de nada daquilo. Eu sabia que, se continuasse usando droga, não ia conseguir trabalhar como lenhador. O trabalho fisicamente exaustivo serviu para mudar também isso, minha relação com as drogas. E eu tinha um objetivo: conseguir o visto de trabalho para ficar na Suíça legalmente. Mas o pedido foi negado muito rapidamente. Ou seja, eu não podia sequer continuar vivendo como clandestino no país porque, a partir daquele momento, o governo sabia que eu estava lá. Eu tinha que ir embora.

Voltar para o Brasil, porém, nem pensar. Lembrei, então, de outro conhecido meu da Fazenda Demétria, um norueguês chamado Thomas. Eu não tinha o endereço de Thomas na Noruega, mas sabia que ele morava em um *camphill*, uma comunidade onde pessoas com doenças mentais podiam trabalhar, estudar, enfim, viver uma vida normal segundo os preceitos da antroposofia. Os *camphills* costumam ser lugares muito bonitos e agradáveis, e recebem jovens do mundo inteiro para trabalhar como voluntários. Pagam um salário muito baixo, mas dão moradia e alimentação. Era minha chance de continuar na Europa e conseguir um trabalho formal, que me daria direito ao visto de permanência. Eu sabia que a família de Thomas era responsável por um *camphill* na Noruega, mas eu não tinha ideia de qual era. Também não sabia o sobrenome dele.

Escrevi, então, uma carta em português – eu ainda não falava inglês, alemão ou qualquer outra língua estrangeira – e mandei para todos os *camphills* da Noruega. Eu começava assim: "Oi, Thomas, tudo bem?" Nem me dava ao trabalho de explicar quem eu era ou em fazer referências à Fazenda Demétria, de Botucatu. Fui logo dizendo que estava na Suíça e que procurava um emprego no *camphill*. Um dia me liga o Thomas.

– André? Aqui é o Thomas.

Achei que ele estava falando um pouco diferente, com um sotaque de Portugal.

– Tudo bem, Thomas! Como vai?

– Você quer vir para a Noruega?

– Quero, sim, dá para arrumar as coisas para mim?

– Claro, vamos cuidar de tudo.

Ele me mandou um papel da Noruega para eu preencher e entregar na embaixada na Suíça, na cidade de Berna. Um pouco depois, me concederam um visto de trabalho para a Noruega, válido por três anos, renovável por mais três. Fiquei aliviado. Eu lá, na Europa, sem falar língua nenhuma, sem dinheiro e de repente tinha um visto para a Noruega, país sobre o qual eu não sabia absolutamente nada. Fui olhar no mapa onde ficava o *camphill*, que se chamava Jøssåsen Landsby: Hommelvik, uma cidadezinha perto de Trondheim, bem no norte da Europa.

Fui de carona da Suíça para a Noruega, com uma parada na Holanda, onde morava uma amiga minha. Depois cruzei o norte da Alemanha e, em Kiehl, peguei um barco para Olso. Foi a única passagem que tive que pagar do meu bolso. De Olso, segui para Trondheim e Hommelvik mais uma vez esticando o dedão na estrada. Como era verão, não escurecia nunca. Já era de manhãzinha quando cheguei, mas eu achava que ainda era o dia anterior. Eu havia viajado a noite toda e nem tinha percebido, porque continuava claro.

Então apareceu o Thomas para me pegar. Mas não era o Thomas que eu conhecera em Botucatu. Eu nunca tinha visto aquele sujeito na minha vida. Em todos os *camphill* da Noruega, havia dois Thomas que falavam português! Mas o que leu minha carta era um Thomas que tinha morado em Portugal. Depois, bem depois, eu até cheguei a me encontrar com o Thomas do Brasil. Os pais dele ainda moravam em um *camphill*, mas ele tinha ido estudar fora, por isso nunca viu a carta que mandei. Naquele momento, porém, tudo o que importava é que eu

142

Correspondente
de guerra

havia chegado e tinha meu emprego garantido. Eu havia lançado uma garrafa ao mar e alguém a apanhou e me ajudou.

Eu até brinquei com ele (o Thomas de Portugal):

– Você não estranhou que eu escrevi de maneira tão informal, como se já te conhecesse, dizendo "estou aqui na casa do Michael e tal, você não quer me dar um emprego"?

– Eu pensei que você sendo brasileiro, isso era normal...

Uma vez empregado, começou a minha imersão no mundo hiperdogmático da antroposofia. "Essa gente é louca!", pensei. Eu definitivamente não me identificava com nada daquilo. Para complicar, não me deram tarefas que me interessavam. Eu queria trabalhar na fazenda, dirigindo trator e fazendo serviços braçais. Mas me deram funções ligadas aos cuidados com os doentes mentais. Eu participava das atividades de terapia social e preparava comida para eles. Tudo muito interessante, mas eu não tinha aptidão para aquilo. E, nos primeiros três meses, eu não podia sequer sair do *camphill*. Eu estava na Noruega, do outro lado do mundo, e podia estar vendo e experimentando muitas coisas diferentes, mas estava preso numa fazenda onde todos viviam sob dogmas que não condiziam com meu estilo de vida. Era uma vivência claustrofóbica.

Depois do terceiro mês, ganhei o direito de sair da fazenda aos finais de semana. Na primeira saída, fui a Trondheim e conheci um bar pelo qual me apaixonei. Sempre fui assim. Para eu gostar de uma cidade, só preciso encontrar um bar que me acolha. Há cidades que a maioria das pessoas enaltece, mas que para mim não têm qualquer apelo emocional por esse motivo. Tempos depois, por exemplo, morei por dois anos e meio em Roma, mas jamais encontrei na cidade um bar em que me sentisse bem.

Como ia de carro a Trondheim e tinha que voltar dirigindo para a fazenda, eu não bebia. Ia para o bar e ficava tomando Coca-Cola, mas o pessoal do *camphill* mesmo assim começou a torcer o nariz para as minhas baladas. Eles passaram a me pressionar muito para parar de ir à cidade. Então inventei que eu era muito católico e precisava ir à igreja nos domingos de manhã. Para isso, eu teria que dormir na cidade no sábado à noite. Seria politicamente incorreto me impedir de ir à missa aos domingos, então meus chefes antroposóficos tiveram que ceder.

Para não correr o risco de acharem que eu estava mentindo, eu ia mesmo à missa. Passava a noite de sábado no bar, e no domingo ia à igreja. Às vezes, saía de um direto para o outro. E foi muito bom, porque na igreja conheci muita gente, principalmente estrangeiros, e isso aumentou a minha rede de relacionamentos. Também aprendi a falar espanhol, porque a igreja era frequentada por outros latino-americanos.

Uma noite, no bar, eu vi uma garota e me apaixonei. Eu mal falava norueguês, mas fui conversar com ela assim mesmo. Começamos a namorar, mas à moda antiga. Cathrine Thunem era virgem, e no início só ficávamos de mãos dadas, nada mais. Isso porque nos conhecemos no bar, imagine se tivesse sido na igreja...

Por que falar sobre minha vida amorosa em um livro sobre a cobertura jornalística de conflitos armados? Porque, como logo ficará claro, isso é fundamental para explicar como as reviravoltas em minha trajetória foram me levando para esta profissão – sem planejamento, mas não por acaso. E, curiosamente, muitas das guinadas profissionais que dei em minha vida estiveram relacionadas de uma forma ou de outra a alguma mulher.

Quando acabou o verão, minha namorada norueguesa viajou para Magdeburg, na Alemanha, onde fazia faculdade de Medicina. Eu

Muitas das guinadas profissionais que dei em minha vida estiveram relacionadas de uma forma ou de outra a alguma mulher.

fiquei na Noruega, infeliz, preso ao *camphill*. Acabei brigando com Peter, o chefe, um holandês detestável, e fui mandado embora. Desempregado, eu não tinha nem onde dormir. Liguei para minha namorada, e ela me disse para ir para a Alemanha. Achei que íamos ficar juntos para o resto da vida. Duas semanas depois, ela me disse:

– Não quero mais.

– Como assim, não quer mais?

– Não quero mais.

– Certeza, você não está só confusa?

– Não! Não quero mais.

Eu saí do alojamento, atordoado, e fui caminhando pelas ruas de Magdeburg, à noite. Não sabia o que fazer. Só tinha uma obsessão: voltar para o Brasil. Mas nem isso eu podia. Não tinha dinheiro nem para a taxa de embarque. Delirei um pouco com a ideia de ir para o Brasil de carona – primeiro de carro até uma cidade portuária, depois descascando batata num navio qualquer –, mas logo me dei conta de que, se fizesse isso, jamais veria a mulher da minha vida de novo. Voltei, então, para a casa dela para pegar minhas roupas, e saí de lá arrasado, chorando muito.

Minha única esperança de voltar a vê-la, e talvez até reatar com ela, era retornar a Trondheim. Liguei, então, para Armin Hafner, um alemão que morava lá e que eu havia conhecido no meu bar predileto. Não éramos sequer amigos, mas eu tinha o seu cartão e sabia que ele havia comprado uma casa. Telefonei a cobrar:

– Cara, é o seguinte: estou na Alemanha, ferrado, e quero voltar para a Noruega. Posso ficar na sua casa?

– Olha, eu acabei de comprar a casa e ainda estou reformando, mas se quiser pode dormir no meio da bagunça.

– Eu durmo em qualquer lugar.

Viajei de carona para Trondheim. A casa do alemão era de madeira, muito velha. Tinha dois andares e um sótão. Ele estava reformando tudo sozinho, aos poucos. Como eu não tinha dinheiro nem emprego, me ofereci para ajudar na obra, em troca de moradia e comida. Eu passava a noite em um saco de dormir, num canto. A casa ainda não tinha calefação, e passei muito frio. De dia, enquanto o alemão, que era estudante universitário, ia para a faculdade, eu frequentava uma repartição do governo para desempregados em busca de uma recolocação.

Ao mesmo tempo que procurava um trabalho, fui aprendendo norueguês, em parte com ajuda de cursos ministrados pela repartição pública para desempregados, em parte por minha verve obsessiva. Quando eu olhava para qualquer objeto, não sossegava enquanto não me lembrasse do nome. Era praticamente um tique nervoso. Os funcionários da repartição viram que eu era esforçado e me arranjaram uma vaga num curso de assistente de enfermagem. Eu era pago para estudar. E foi assim, ironicamente, que eu me vi estudando para ter a profissão que meus pais tinham no Brasil.

Eu estudava de manhã até o meio da tarde, voltava para casa e ajudava o alemão na reforma até 20h. Pouco depois, consegui um emprego noturno em um asilo para idosos e somei mais esse compromisso à minha rotina. Eu praticamente não dormia. Só conseguia pregar o olho no asilo, entre um afazer e outro.

Passou-se um ano, e terminei o curso de auxiliar de enfermagem. Só que eu definitivamente não queria seguir essa profissão, e não parava de pensar na minha ex-namorada. Um dia, encontrei a irmã dela na rua e fui muito maltratado. Perguntei, surpreso:

146

Correspondente
de guerra

– Calma! Por que você está me tratando mal?

– Porque você abandonou minha irmã no pior momento!

– Como assim, o que eu fiz? Eu é que levei um fora!

Daí ela me contou que minha namorada tinha ficado grávida, mas que não queria ter o filho porque eu tinha ido embora. Ela voltou para a Noruega para fazer um aborto. E quando os amigos e familiares perguntavam do pai, ela simplesmente dizia que eu tinha sumido. Então lembrei que, numa das noites em que estávamos juntos na Alemanha, ela me perguntou no meio de uma conversa:

– E se eu ficasse grávida, o que você faria?

– Ah, legal, para mim não teria problema.

– E se eu não quisesse ter o filho?

– Por que não? Seria tão legal!

Pelo visto, não era a resposta que ela queria ouvir. Ela já estava grávida, e resolveu testar minha reação. Como estudante de Medicina, a gravidez iria atrapalhar completamente seus estudos e seu futuro. E, em vez de me contar a verdade, preferiu não enfrentar minha opinião sobre fazer ou não um aborto. Essa descoberta, mais de um ano depois, foi muito pesada para mim.

Esse novo trauma marcou mais um momento de guinada na minha vida. Voltei ao escritório de empregos e fiz um teste vocacional. Como eu arranhava várias línguas, muitas delas aprendidas no contato com padres, freiras e fiéis da igreja que eu continuava a frequentar aos domingos de manhã (apesar de não acreditar em Deus), os psicólogos me sugeriram trabalhar com comércio exterior.

– Comércio exterior, o que é isso? – perguntei.

– Tem que viajar bastante.

– Então é perfeito para mim!

Na Noruega, o fato de eu não ter completado os estudos no Brasil não era um empecilho para fazer um curso técnico superior. O sistema norueguês levava outros fatores em conta, como minha experiência de vida e profissional. No curso de comércio exterior, que durava um ano e meio, fiz amizade com um professor que fazia parte do conselho da Conoptica, uma empresa de tecnologia que havia desenvolvido uma medição ótica, em 3D, para a fabricação de máquinas de fiação de aço. Era uma revolução para a indústria. Essa empresa ia receber a visita de um cliente potencial da Espanha, que não falava nem inglês, nem norueguês. Meu professor perguntou se eu faria a tradução. Nunca tinha feito tradução profissionalmente, mas aceitei mesmo assim. Poderia ter sido um desastre, mas deu tudo certo. O espanhol, um catalão, gostou de mim e acabei sendo convidado depois para uma viagem à Espanha, para acompanhar a comitiva norueguesa em visita de retribuição.

Pouco depois, fui contratado como vendedor da empresa. Viajei o mundo vendendo e apresentando o aparelho de medição, que custava 200 mil euros, para a indústria de fiação. Japão, Coreia do Sul, Estados Unidos, China, Índia, Europa... Conheci todas as nações industrializadas nesse emprego. Eu passava vários meses em cada lugar.

Certo dia, conheci um garota muito bonita em uma lanchonete Burger King em Trondheim. Fui conversar com ela, me apresentei e contei que era brasileiro. Ela já me conhecia:

– Você trabalha com meu pai.

Cidade pequena. O pai dela era o dono da empresa. Casei seis meses depois com a filha do patrão, que se chamava Gyrid Prytz Slettemoen, e passamos seis anos juntos. Foram seis anos casado, seis anos na empresa. Cheguei a um cargo executivo e passei a ser sócio minoritário. Mas a nossa relação foi se deteriorando. Eu tinha 30 anos, e estava infeliz, apesar de meu trabalho me satisfazer muito. Eu fui a um médico, e ele disse que eu estava deprimido. Queria me medicar. Mas eu não acreditava no diagnóstico. Se eu estivesse deprimido, continuaria motivado no trabalho? Eu estava triste, só isso.

Durante uma viagem para a República Tcheca, minha mulher e eu tivemos uma briga e eu decidi me separar. Coloquei-a num avião de volta para a Noruega e liguei para a sede da empresa dizendo que um cliente no Brasil queria me ver. Na verdade, eu só precisava me reencontrar. De volta a Botucatu, encontrei um amigo, o Manuel Marques, que me indicou um psicólogo conhecido pelo trabalho de regressão. Eu não sabia o que era isso, mas fui vê-lo.

– Feche os olhos – o psicólogo disse.

Eu fechei.

– O que você está vendo?

– Não estou vendo nada, né?

– O que você está vendo? – ele repetiu.

Pensei: "Quer brincar, vamos brincar." E me deixei conduzir.

– Estou vendo uma criança sozinha no escuro.

– Onde está a criança?

– Está no escuro, ora.

– Mas como você está conseguindo vê-la?

– Ah, tem uma luz sobre ela.

– Você está perto ou longe?

– Estou longe.

– Então se aproxima.

Eu me aproximei.

– E agora, qual é a reação da criança? – perguntou o psicólogo.

– Nenhuma, nem está me olhando.

– Então chama a criança, mexe com ela, cutuca.

Tudo parecia cada vez mais real. Depois de muito insistir para conseguir uma reação ou uma comunicação com a criança, ela se virou para mim, mas tinha se transformado num monstro. Tinha uns dentes fortes, grandes, bem próximos de mim. Mas eu não tinha medo. De repente, a criança com cara de monstro não era mais nem uma coisa nem outra, mas um boneco de Playmobil, com aquele rosto inexpressivo. Em seguida, o Playmobil se transformou em um rosto com expressão sarcástica em uma foto. E tinha alguém segurando a foto, como se fosse um grande cartaz.

– Quem está segurando o cartaz? – perguntou o psicólogo.

– Não sei, né, só vejo as mãos.

– Então olha por baixo.

Eu olhei. Quem segurava o cartaz era um homem pela metade, sem a parte da frente do corpo. Sem rosto, sem peito, sem barriga...

Então eu acordei e disse:

– O homem pela metade sou eu.

Naquele momento, eu estava entrando na casa dos 30 anos, num ponto de transição para a vida adulta que exigia que eu me questionasse sobre a possibilidade de estar me tornando um homem passivo diante de meus medos, minhas falhas e minha tristeza em todos os âmbitos – na sexualidade, no amor, na profissão.

Era hora de virar a mesa.

Dias depois, voltei para a Noruega e formalizei a separação. Coloquei tudo o que eu tinha em sacos de lixo pretos e fui morar numa casa emprestada por uma amiga, que estava fora do país. A relação entre mim e o pai da minha ex-mulher – que era o dono da empresa e, portanto, meu chefe – se deteriorou muito. Eu já era diretor comercial da companhia, tinha um salário excelente, participação acionária e viajava o mundo, mas já não tinha condições de permanecer ali. Eu estava sendo boicotado. Decidi procurar outro emprego.

Certo dia, assisti a um documentário na TV sobre uma organização chamada Norwegian People's Aid. Entre outras coisas, eles trabalham com o desarmamento de bombas em países que passaram por guerras. No documentário, um dos funcionários da ONG mencionou que os especialistas em desarmar minas terrestres tinham que usar uma proteção no rosto, feita de acrílico, que embaçava com a respiração e ficava arranhada quando era apoiada no chão. A fabricante dos equipamentos de segurança era uma empresa norueguesa chamada ROFI. Eu fiquei com aquilo na cabeça. Tinha que haver uma solução para aquele problema de projeto!

Nos dias seguintes, pesquisei na internet vários tipos de máscara e conversei com um conhecido meu que trabalhava com design de produtos. Telefonei para a fabricante de equipamentos de proteção antibomba e disse:

– Eu vi o documentário sobre vocês e tenho a solução para a proteção de rosto. Posso visitá-los para contar minha ideia?

– Sim, claro.

Chegando lá, mostrei algumas fotos de máscara de paintball que eu havia encontrado na internet:

– Podemos adaptar isso aqui.

E eles toparam. A vantagem do sistema das máscaras de paintball é que elas têm camadas na frente da boca e do nariz que são fechadas embaixo, mas abertas em cima. O ar quente da respiração sai por cima, sem embaçar o visor. Dessa forma, evita-se que a eventual explosão de uma mina terrestre, vinda de baixo, atinja o especialista em desarmamento. O produto foi feito e até ganhou um prêmio de design. A empresa de equipamentos de proteção quis comprar a ideia, mas eu disse que não, apenas queria um emprego. De fato, fui contratado para desenvolver o projeto da máscara, e foi assim que eu pedi demissão da empresa do meu ex-sogro e pela primeira vez entrei em contato com situações de conflito armado e de ajuda humanitária. Para desenvolver as máscaras, eu precisava conhecer as necessidades dos profissionais que se arriscavam desativando bombas em antigas zonas de guerra. Comecei, então, a visitar campos minados em diversas partes do mundo. Para ter registro das condições de trabalho, eu fotografava os especialistas desarmando minas. Algumas dessas fotos estão até hoje no site da empresa. Foram as primeiras que fiz profissionalmente. Para poder acompanhar esse trabalho com segurança, fiz treinamento de desminagem humanitária, como é chamada a técnica para desarmar minas terrestres.

Um grande cliente potencial para o nosso produto era a FAO, organização de agricultura das Nações Unidas, que financiava projetos de desminagem em terras agrícolas devastadas por guerras. Numa viagem a Roma, onde fica a sede da FAO, para apresentar os protótipos das nossas máscaras, conheci, em um bar, a futura mãe dos meus filhos, Raffaella. Apenas nos conhecemos, não houve nada mais entre nós naquele dia. Ela trabalhava no caixa de uma rede de livrarias em Roma.

Por causa da troca de emprego, tive de mudar também de cidade. Não morava mais em Trondheim, mas em Molde, uma cidade muito pequena da Noruega, onde eu não conhecia praticamente ninguém. Decidi então passar o Natal e o Ano-Novo com um amigo que morava em Torino, na Itália. Comentei com a Raffaella, e ela decidiu passar o fim de ano comigo, pois havia terminado recentemente um relacionamento de dez anos. Em fevereiro, ela foi me visitar na Noruega. E em março também. Fomos a um bar em Trondheim e bebemos demais. No dia seguinte, ela estava com uma ressaca tremenda. Não parava de vomitar. Era mais do que uma bebedeira é capaz de fazer. Ela admitiu, então, que não menstruava havia um mês. Fui até a farmácia comprar um teste de gravidez, e deu positivo. Ela tinha engravidado na visita anterior à Noruega, em fevereiro. Fiquei extasiado. Depois de me separar de Gyrid, achava que nunca mais seria pai. Raffaella, porém, estava assustada.

Alguns dias depois, ela voltou para a Itália. De lá, por telefone, começou a falar em aborto.

– Não aborta, não.

– Mas eu quero.

– Ah, se é assim, não posso fazer nada, mas quero deixar claro que não apoio a decisão.

– Mas eu quero ficar com você.

– Como assim, quer ficar comigo? Você quer abortar, mas quer continuar comigo?

E assim foi durante todos os três meses iniciais da gravidez. Discutíamos por telefone, eu ia para a Itália, discutíamos de novo, e ela sempre ameaçando abortar, mas ao mesmo tempo insistindo que queria continuar comigo. Eu não via sentido nisso. Eu já não conseguia me concentrar no trabalho. Estava ansioso porque queria ser pai, mas não tinha certeza se isso ia acontecer. Raffaella podia, a qualquer momento, num rompante, ir a uma clínica de aborto, sem nem mesmo eu ficar sabendo. E eu não podia simplesmente abandonar tudo e me mudar para a Itália. Como iríamos nos sustentar apenas com o salário dela, de caixa de livraria? Depois de passar o terceiro mês de gravidez, ela já não podia abortar, e eu comecei a tentar convencê-la a se mudar para a Noruega. No sexto ou sétimo mês, ela concordou. Raffaella foi morar comigo, mas não gostava de Molde. E não deixou que eu comprasse uma casa para que nos estabelecêssemos por lá.

Ainda durante a gravidez, fomos juntos à palestra de Paul Hansen, fotógrafo sueco que depois veio a ganhar o World Press, um dos principais prêmios de fotojornalismo do mundo, com o registro de um grupo de homens palestinos carregando o corpo de duas crianças mortas em um bombardeio na Faixa de Gaza. Paul já era um respeitado fotógrafo de guerra. Eu fiquei impressionado. Ao final da palestra, fui conversar com ele. Vendo meu entusiasmo, Paul disse:

– Você tem que virar fotógrafo!

A frase ficou reverberando na minha cabeça. Eu estava justamente em um daqueles momentos da minha vida que pediam uma correção de rumo. Eu ainda não tinha me recuperado daquela infelicidade que comecei a sentir durante meu casamento com Gyrid. Minha nova mulher, Raffaella, não queria morar na cidade onde estava meu novo emprego e brigávamos muito. O que realmente importava, porém, é que em breve eu me tornaria pai pela primeira vez. Isso, como deve acontecer com muitos homens, estava mexendo comigo. Eu comecei a rever muitos valores enraizados em minha consciência. "Quer saber? Ou eu faço alguma coisa da minha vida agora, ou nunca mais", pensei.

– Raffaella, você não gosta mesmo de Molde?

– Não.

– Então vamos embora.

Liguei para o meu chefe e pedi demissão.

– Você está doido? Sua mulher está grávida! Você vai viver do quê? – ele perguntou.

– Não sei, mas aqui eu não fico mais.

Raffaella e eu nos mudamos para Trondheim. Eu comecei a fotografar loucamente, muito mal e sem propósito. Fazia foto de paisagens e objetos, mas não me sentia à vontade para fotografar pessoas. Também não tinha ideia de onde queria chegar, e duvidava genuinamente que aquilo podia ser minha profissão. Eu gostava do ato de fotografar, mas odiava o resultado.

Nesta fase, minha vida se resumia a preparar o ninho para a chegada da minha filha (sim, Raffaella estava grávida de uma menina). Eu estava empolgadíssimo com a ideia de ser pai, mas ainda sentia uma profunda tristeza, uma insatisfação pessoal. Tive, então, uma vontade muito forte de voltar a usar drogas. Não era por fraqueza, mas porque não estava conseguindo me transformar como ser humano. Eu queria mudar minha vida sendo pai, mas não tinha ideia de como fazer isso. Pensei que os psicotrópicos podiam ser uma alternativa interessante para abrir horizontes. "Vou usar drogas", pensei. Mas em seguida: "Será que eu sou tão burro? Logo agora que vou ser pai, e ainda por cima desempregado, vou querer me drogar?".

Eu via os dependentes de heroína e de álcool na estação de trem no centro de Trondheim e ficava tentando entender por que eles estavam ali e eu não. Eu queria saber como seria viver como eles. Queria descobrir que transformação eu enfrentaria se começasse a me drogar. A desculpa que eu tive para me aproximar foi me apresentar como fotógrafo.

Eu passava dias com os dependentes químicos, fotografando seu cotidiano. Tive uma relação muito íntima com eles, mas em nenhum momento usei drogas. Certo dia, apareceu uma equipe de assistentes sociais e profissionais de saúde para vacinar os dependentes químicos que viviam na rua. Como eu estava lá, em meio aos drogados, quiseram me vacinar também.

– Eu não uso droga, não preciso de vacina.

– O que você está fazendo aqui, então?

Acharam que eu era um traficante.

– Eu sou fotógrafo.

– E você está fotografando para quem?

Fiquei sem resposta. Afinal, eu não tinha planos para as fotos que eu estava fazendo e ninguém tinha me contratado para retratar os drogados. Os funcionários públicos quiseram, então, ver as fotos, mas eu me negava a mostrá-las, porque tinham conteúdo muito pessoal, expunham demais as intimidades daquelas pessoas, que confiaram em mim e na minha discrição. Os viciados, no entanto, me encorajaram a mostrar.

– Eles têm que saber como é nossa vida aqui – disse um deles.

Os enfermeiros e assistentes sociais arregalaram os olhos quando viram as fotos. Eles pediram que eu fizesse um vídeo sobre a minha experiência com os dependentes químicos e em pouco tempo minhas fotos estavam sendo publicadas em um jornal de Trondheim e comecei a dar palestras sobre o assunto. Foi meu primeiro trabalho de fotojornalismo e rendeu o primeiro prêmio da minha carreira. Eu tinha 33 anos.

Desde o início, a fotografia foi uma oportunidade de eu me aproximar de pessoas com problemas que me tocam profundamente, que vivem situações extremas nas quais consigo me projetar. O sofrimento, as angústias e os dilemas das pessoas que eu retrato são para mim muito reais. É como se eu estivesse fotografando a mim mesmo naquelas situações.

Eu tinha seis anos quando peguei uma máquina fotográfica pela primeira vez. Era o casamento dos meus pais (eles não tinham oficializado a união antes de eu nascer). Alguém colocou uma Kodak descartável na minha mão, e eu saí clicando. Nem sei se tinha filme. Depois disso, a fotografia tornou-se o equivalente a uma célula adormecida da minha personalidade: ficou inativa, esperando o momento certo para emergir e entrar em ação.

Apesar do trabalho com os dependentes químicos, as portas do fotojornalismo não se abriram imediatamente para mim. No começo, para ganhar dinheiro, fiz todo tipo de trabalho. Fotografei até para o jornal de uma associação de imobiliárias em Trondheim. Os fotógrafos mais experientes, já fincados no mercado, não tinham interesse em abrir mão do seu espaço. Além disso, meu trabalho sempre foi muito lento, ainda mais no começo, quando eu não dominava totalmente a técnica. Minha saída foi pegar trabalhos comerciais, e deixar o fotojornalismo para a *Sorgenfri* ("livre de sofrimento"), uma revista do tipo *street journal* que eu inaugurei em conjunto com Vibeke Kleveland, uma das assistentes sociais que eu conheci durante o trabalho com os dependentes. A gente editava a revista a um custo baixíssimo e depois vendia cada exemplar por, digamos, 1 real para os moradores de rua, que por sua vez revendiam por 2 reais em bares. Para nós, era um trabalho voluntário, não remunerado, assim como era para todos os jornalistas que topavam escrever para a revista. Para os dependentes químicos, era uma maneira de conseguir um dinheiro para necessidades básicas, sem precisar pedir esmola. Em São Paulo existe uma revista chamada *Ocas* que funciona de maneira e com propósitos semelhantes.

A revista ajudou a projetar um pouco meu trabalho, mas eu ainda sentia que me faltava um objetivo maior. Certo dia, um amigo de

Trondheim, um refugiado somaliano, me disse que havia decidido voltar ao seu país, que passava por um período um pouco mais estável em meio a uma guerra civil. Hassan era um sujeito tão bacana que escapou da tradição somaliana de atribuir apelidos feios para as pessoas. Ele era chamado de "Fantastic" (Fantástico).

– Eu também quero ir para a Somália – eu disse.

– A Somália é difícil. Vai ser a minha primeira visita ao país desde que saí de lá, quando ainda era criança – alertou Hassan.

– Eu vou com você – insisti.

E fui. Minha filha, Lyah, tinha três meses de vida.

Quando cheguei a Mogadishu, capital da Somália, em 2007, não havia batalhas acontecendo. O cenário de destruição, as doenças e a miséria, porém, me impressionaram. Era o meu primeiro contato real com uma guerra. Vi crianças morrendo de sarampo, e isso me marcou muito. O sarampo deixa a pessoa desfigurada. É uma morte feia, dolorosa, estigmatizante. Em um campo de refugiados, conheci uma adolescente chamada Rabiba. Uma criança do campo me levou até ela, dentro de uma tenda. Quando ela tirou o véu, vi que faltava metade do seu rosto. Achei que tinha sido uma bomba ou um tiro, mas depois descobri que se tratava de uma doença chamada noma, ou cancro oral, uma infecção generalizada que vai carcomendo o rosto da pessoa. Começa com uma higiene bucal ruim, e logo as bactérias se alastram pelo músculo, pelos nervos e pelos ossos do rosto. Eu despachei uma foto dela para a ONU, em Genebra, e rapidamente enviaram um avião para buscá-la para tratamento médico em Addis Ababa, na Etiópia. Não pegava bem ter alguém naquelas condições em um campo de refugiados da ONU.

Descobri, na Somália, o quanto a guerra muda nossa percepção sobre o mundo. Politicamente, eu me considero um anarquista. Em resumo, eu quero uma sociedade que funcione sem o Estado. Mas o que eu vi na Somália era justamente o resultado de uma sociedade sem Estado. Ali eu enxerguei a necessidade do Estado. Comecei a me questionar em relação a esta e outras convicções, e muitas crenças desabaram. "E agora, quem sou eu?", é o pensamento que nos acomete frente a essas situações extremas.

Mogadishu, apesar da calmaria nos combates, era um lugar impossível de se permanecer. Um pouco antes de eu chegar, em 2006, o cinegrafista sueco Martin Adler foi morto com um tiro no peito. Ele estava filmando uma manifestação na cidade quando um homem se aproximou, disparou e depois desapareceu na multidão. Assim, por nada.

Eu tinha uma filha recém-nascida e, além de ser perigoso, estava pagando todos os custos da viagem por conta própria. Aquilo tudo era demais para mim, inclusive emocionalmente. Eu não tinha competência intelectual nem jornalística para lidar com aquilo. Voltei para a Noruega, mas com a convicção de que queria voltar a trabalhar na Somália. A maneira mais segura de fazer isso era me estabelecendo em Addis Ababa, na Etiópia, para, de lá, fazer viagens rápidas para a Somália. Aluguei uma casa na capital etíope com outros estrangeiros: um norueguês e uma alemã. Custava apenas 50 dólares por mês por pessoa. Por aproximadamente um ano, alternei entre a Etiópia e a Noruega. Ficava três meses com Lyah e Raffaella na Noruega e três meses na África.

Eu pagava tudo do meu bolso. Quando senti que tinha uma história, que já reunira material suficiente sobre a Somália, comecei a oferecer minhas fotos para jornais e revistas. No Quênia, conheci o correspondente da revista alemã *Der Spiegel*. Eu ofereci levá-lo para fazer uma reportagem na Somália, mas ele recusou. Temia ser sequestrado. Em vez disso, ele me apresentou para outro jornalista da *Spiegel*, Clemens Högens, que posteriormente chegou a diretor de redação da maior revista semanal alemã. Clemens e eu passamos algumas semanas acompanhando o dia a dia de Sheik Sharif, comandante de um dos grupos armados envolvidos na guerra civil e que se tornou presidente do país. Ele tinha o controle militar de um quarteirão de Mogadishu, apenas, e ainda assim com ajuda das tropas da União Africana (UA). Aprendi muito com o Clemens, e nos demos muito bem, porque ele precisava da minha experiência de Somália e eu tinha muito a absorver do que ele sabia sobre jornalismo. Ficamos na Vila Somália, onde se situa o palácio do presidente, numa situação muito precária. O lugar sofria bombardeio todos os dias. E foi ali que eu quase morri pela primeira vez.

A Vila Somália fica no alto de uma pequena colina, a cerca de 400 metros do Mercado Bakara, famoso pelo comércio de armas e naquele tempo controlado pela milícia radical Al Shabab. Entre o palácio e o mercado há um vale estreito e ermo. Certo dia, fui com alguns soldados da União Africana até uma barricada de sacos de areia de onde se podia avistar o Mercado Bakara. Logo começou uma troca de tiros entre eles e os militantes situados no mercado. Os soldados da UA estavam de pé na barricada disparando com uma metralhadora .50. Entre uma rajada e outra, eles tiravam sarro de mim, encolhido atrás dos sacos de areia.

— Está com medo, hem?! – e riam.

De repente, um morteiro caiu e atingiu os dois, diante de mim.

Não foi por estarem expostos na frente da barreira de sacos que eles morreram, mas simplesmente porque deram o azar de o morteiro cair bem onde eles estavam. Se o projétil tivesse caído um pouco mais para frente, do lado de dentro da barreira, eu é que teria morrido. Desde então, já enfrentei combates com tiros e com bombas. Costumo dizer que, quando vou à linha de frente, tenho controle da situação e sei como tomar os cuidados necessários. É mais fácil ter esse controle quando se está em meio a um tiroteio, porque nessa situação normalmente sabe-se de onde está vindo o ataque. Contra morteiros e bombas, porém, não há quase nada a fazer. Eles têm trajetórias imprevisíveis e caem onde menos se espera. De nada adianta buscar proteção atrás de um muro ou dentro de uma casa. Aprendi isso logo nessa primeira experiência de guerra, e da maneira mais extrema, escapando por pouco com vida.

De Mogadishu a Bengasi

A Somália me transformou de muitas maneiras. Profissionalmente, foi meu batismo no fotojornalismo de guerra. Psicologicamente, alterou para sempre minha relação com a vida e a morte e a percepção do meu papel no mundo. Depois do trabalho para *Der Spiegel*, publiquei minhas fotos no jornal *O Estado de S. Paulo*, em reportagem escrita por Adriana Carranca. A repercussão foi grande e vários canais de televisão brasileiros me procuraram com planos de enviar uma equipe para a Somália. Eu dizia que bastava me contratarem, que eu os levaria para lá. Acabei fechando com Roberto Cabrini, que havia acabado de trocar a Record pelo SBT, onde criou o programa Conexão Repórter. Eu assumi o papel de cinegrafista e passamos vários dias juntos na Somália. Pela primeira vez consegui fazer um trabalho com uma estrutura decente, com dinheiro para pagar motoristas, seguranças e um *fixer* – como são chamados os cidadãos locais, às vezes jornalistas, que ajudam com tradução e agendamento de entrevistas. Na Somália, onde é praticamente impossível um estrangeiro sair à rua sem ser sequestrado para resgate ou assassinado a troco de nada, um jornalista só pode circular com uma equipe de quatro ou cinco seguranças, com um *technical* de apoio. (Os *technicals* são carros civis, quase sempre picapes, com uma arma de grosso calibre adaptada na caçamba, geralmente uma bateria antiaérea ou antitanque.) Isso representa um custo altíssimo para qualquer reportagem.

Cabrini gostou de trabalhar comigo e me contratou como produtor do Conexão Repórter na Europa, para produzir documentários fora do Brasil. Durante um ano, fiz a pré-produção de dois documentários que, infelizmente, nunca foram ao ar. Um foi em Uganda, sobre sacrifícios humanos em rituais de magia negra, e outro no Quirguistão, sobre o massacre de centenas, talvez milhares, de pessoas na cidade de Osh, ao mesmo tempo em que na África do Sul acontecia a Copa do Mundo de futebol.

Durante o trabalho em Uganda, em 2010, me vi obrigado a denunciar um fato que representou o primeiro de uma série de atritos entre mim e outros fotojornalistas. Ao visitar o país africano e analisar as legendas de retratos feitos pelo fotógrafo italiano Marco Vernaschi, que também se dedicava a registrar os efeitos dos sacrifícios humanos, descobri que ele pagara a uma mulher para desenterrar o cadáver da filha apenas para poder fotografá-lo. Vernaschi chegou à casa da família da vítima horas depois de ela já ter sido enterrada. Ao pedir para exumá-la, obrigou a família a repetir o sofrimento da perda. E, ao dar o equivalente a 70 dólares para a mãe – ainda que para ajudá-la a contratar um advogado, segundo ele explicou depois – ele feriu a ética jornalística. Eu informei a minha descoberta ao Pulitzer Center, organização americana à qual Vernaschi era ligado, e divulguei-a no Lightstalkers, um fórum online que serve de ponto de contato para jornalistas de todo o mundo. O caso teve repercussão no jornal britânico *The Guardian*, e Vernaschi e o Pulitzer Center se viram obrigados a dar explicações. As fotos foram retiradas do site da organização, que também publicou um texto defendendo a "boa intenção" do fotógrafo, mas reconhecendo que havia sido um erro pedir a exumação do cadáver da vítima do sacrifício. Esse episódio marcou meu primeiro atrito com alguém da "comunidade" internacional de fotojornalistas. É da minha natureza não conseguir ficar calado diante de má conduta profissional e injustiças, ainda que isso crie inimizades. Não quero e nunca quis fazer parte de qualquer clube. Falo o que penso e faço o que acho que é certo.

No período em que trabalhei para Cabrini, Raffaella engravidou do meu segundo filho, Anton. Depois que ele nasceu, nos mudamos para Roma, a pedido de Raffaella. Viajei bastante, prospectando reportagens no Uzbequistão, no Tajiquistão, na República Democrática do Congo, em Mianmar, na sequência do furacão que destruiu o país, e no Haiti, para registrar os efeitos calamitosos do terremoto. (Dois anos antes, em 2008, eu estive também na Geórgia, durante a invasão russa àquele país.)

No Haiti, pela primeira vez, eu vivi o perigo real de ser morto por ser jornalista. A população, desabrigada pela destruição de suas casas e esfomeada, lançou-se aos saques logo nos primeiros dias após os tremores, quando ainda havia gente sob os escombros. Eu registrei vários desses saques. Em uma dessas ocasiões, entrei com os saqueadores em uma loja de eletrodomésticos que se mantivera de pé. Os proprietários chegaram, acompanhados de vários seguranças particulares, e começaram a atirar. Eu me escondi com um dos saqueadores, um adolescente, atrás de uma escada. Um dos seguranças nos encontrou, agarrou o garoto e o matou com um tiro na cabeça, na minha frente. O segurança, que era negro, viu um branco e um negro escondidos e, provavelmente, após uma instantânea avaliação de estereótipos, discerniu quem era saqueador e quem não era. Isso não significava que eu seria poupado. Para minha sorte, neste momento apareceram os outros seguranças e o proprietário, que era o único branco em meio a todos os haitianos. Aproveitei a confusão para correr para fora da loja. Eu nem pensei em fotografar o garoto morto ou qualquer outra coisa. Só me passava pela cabeça: "Esse segurança vai me matar também."

Na rua, havia um jipe do exército americano, que acabara de chegar. Eu me escondi atrás do veículo. Vi, porém, o fotógrafo italiano Samuelle Pellechia entrando na loja e pensei: "Vão matá-lo lá dentro." Decidi ir atrás. Quando entrei no estabelecimento, os soldados americanos também entraram. Fiquei perto da porta, filmando tudo o que acontecia ali dentro. No fundo do recinto, o segurança que havia matado o adolescente estava imobilizando um cidadão. Com a mão, ele torcia o seu braço, e com a sola da bota pressionava o seu rosto contra o chão. Um soldado americano olhou para aquela cena, não viu nada demais, e seguiu em frente. Quando vi que o militar tinha deixado o segurança sozinho com o saqueador, intuí que eu estava prestes a testemunhar mais um assassinato. Sem parar de filmar, me aproximei dos dois e perguntei em inglês para o homem imobilizado no chão:

– Qual o seu nome? Qual o seu nome?

Meu único objetivo era mostrar que eles não estavam sozinhos, que havia testemunhas.

– Ele matou o menino lá – respondeu o haitiano, apontando para o homem que segurava o seu braço.

Mal ele terminou a frase, o segurança começou a chutar sua cabeça com toda a força até que o crânio se abriu e todo o assoalho manchou-se de sangue, que vazava pelas orelhas. Ele estava morto.

O segurança soltou o braço sem vida do cidadão, olhou para mim e sacou o revólver do coldre. Tudo o que eu descrevi acima pode ser visto no vídeo que eu fiz, disponível no YouTube. O restante, não. Ao perceber que eu era a próxima vítima, parei de filmar e fui para cima do segurança, gritando:

– Não, não, não!

A gritaria atraiu os soldados americanos, e eu fui salvo.

Depois que terminou o meu contrato com o SBT, fui convidado pela revista *Colors*, do instituto Fabrica, financiado pela marca italiana de roupas Benetton, a fazer um trabalho vinculado a uma campanha da grife promovendo a paz mundial. A campanha ficou conhecida pelos painéis mostrando rivais políticos ou religiosos se beijando na boca. Tinha ósculos de Barack Obama com Hugo Chávez, ditador norte-coreano com presidente sul-coreano, premiê israelense com líder palestino e até o papa com um clérigo muçulmano. No bojo dessa campanha – que tinha como mote a expressão *unhate*, um neologismo em inglês que só pode ser traduzido com outro neologismo: "desodeie" –, a revista queria reportagens sobre pessoas que estavam fazendo a diferença, positivamente, em conflitos armados ao redor do mundo. Logo pensei no Hassan, o meu amigo somaliano que eu conhecera na Noruega e que se tornara diretor de uma rádio em Mogadishu. Voltei, então, à Somália, para registrar o seu trabalho e o dos jornalistas que atuavam com ele. Quando eu estava indo embora de Mogadishu, Hassan foi assassinado em sua casa. Ele foi morto, obviamente, por ser jornalista, por ousar se dedicar à divulgação de notícias em um país fragmentado por grupos armados rivais, onde é mais fácil encontrar uma arma do que um livro.

A morte de Hassan, o Fantástico, me marcou muito. Ao assimilar esse trauma, me imbuí de uma missão grandiloquente, de ser um jornalista melhor, de vingá-lo assumindo os valores que eu atribuía a ele. Idealizei demais as qualidades que imaginava serem parte do repertório de Hassan, e pensei: "Vou continuar aquilo que ele estava fazendo." Passei a acreditar que tinha uma dívida moral com Hassan, com sua memória, que estava obrigado a assumir como minha a causa pela qual ele tinha morrido.

Eu ficava pensando em como Hassan se tornou o que era, uma pessoa sensível, inteligente e questionadora, apesar do ambiente de onde saiu. A probabilidade de uma criança não sobreviver na Somália, de se envolver diretamente na guerra, de não conseguir uma educação formal ou de se entregar à corrupção – Hassan desafiou tudo isso. Quando, por fim, ele foi assassinado a tiros dentro de casa, era como se o errado naquele contexto fosse ele, e não o contrário. Como se a beleza não fosse permitida em Mogadishu. Como se toda a perda, toda a tristeza, toda a violência, toda a feiura da guerra que eu tinha presenciado em Mogadishu até então fosse a coisa certa. E que Hassan era o que estava fora da ordem. Movido pela emoção, portanto, abracei a causa que acreditava ser a de Hassan: lutar por um mundo melhor, denunciar as injustiças para que meus filhos tivessem a oportunidade de conhecer uma realidade global mais pacífica no futuro. Imbuído de uma causa, eu já não tinha mais medo de bomba. Para fazer o jornalismo que eu queria fazer, com a qualidade que considerava ideal e com o purismo técnico necessário para ser absolutamente honesto com a realidade retratada, eu tinha que estar disposto a correr riscos.

Fotografo apenas com uma lente de 28 milímetros, o que significa que tenho que estar muito perto da ação e das pessoas para poder registrá-los. Quando se fotografa uma guerra, nos anos pós-atentados de 2001, é difícil chegar à linha de frente. Pode-se passar semanas em meio a um conflito sem nunca se chegar à frente de batalha até que, subitamente, imperceptivelmente, ela chega até você.

O resultado dessa vivência, desse processo pessoal, porém, foi negativo, porque me afastou da minha família, dos meus amigos. É um paradoxo, eu sei. Mas foi o que aconteceu. Em seguida veio a Primavera Árabe (a onda de protestos que varreu o Oriente Médio e o norte da África, derrubando ditadores e provocando guerras civis), e não parei mais em casa, com meus filhos, com minha mulher.

A revista *Der Spiegel* tinha um consultor no Cairo, no Egito, com excelentes contatos na região. Quando começaram os protestos na Tunísia contra o ditador Zini El Abidini Ben Ali, o alemão farejou que algo grande ia acontecer. Incentivado pelas informações passadas por ele, Clemens Högens decidiu ir à Tunísia, e me convidou para ir junto. Chegamos a tempo de registrar os grandes protestos que culminaram com a fuga de Ben Ali com a família, de avião. Clemens comentou que testemunhar aquele evento, a queda de um ditador árabe que estava no poder há 24 anos, era equivalente a ver a queda do Muro de Berlim.

Também estávamos lá quando Lucas Dolega, um fotógrafo francês, amigo nosso, foi atingido por uma lata de gás lacrimogêneo, disparada propositalmente em sua direção, a curta distância, por um policial tunisiano, durante uma manifestação. Lucas estava com máscara de gás, e por isso conseguiu ficar tão próximo da polícia. Eu estava perto dele, mas me afastei porque não tinha proteção e não consegui suportar o gás. Por isso, não vi quando ele foi atingido. Lucas faleceu três dias depois num hospital, em 17 de janeiro de 2011, aos 32 anos, tornando-se o primeiro jornalista a morrer na sucessão de protestos, repressão estatal e guerras civis que ficou conhecida como Primavera Árabe – e que, na minha avaliação, ainda não havia encontrado um desfecho quando finalizamos este livro.

A morte de Lucas foi um choque, e me fez perceber a seriedade do trabalho que estávamos fazendo e dos riscos que estávamos enfrentando, mas não tirou nosso entusiasmo em cobrir os fatos extraordinários que sacudiram o norte da África e o Oriente Médio. Em seguida, recebemos a informação de que haveria protestos também no Egito. Voltei para a Itália, disse um "oi" para os meus filhos e para a Raffaella e voei para o Cairo, a tempo de registrar já a primeira manifestação, numa sexta-feira. Fiquei no Egito até o ditador Hosni Mubarak ser deposto, em 11 de fevereiro de 2011. Então vieram os protestos no Bahrein, no golfo Pérsico, para onde fui depois de mais uma rápida escala em Roma, de um dia apenas, para ver minha família.

Eu nunca tinha visto, até aquele ponto, uma repressão tão pesada quanto em Bahrein. Ao contrário da Tunísia e do Egito, onde o que havia eram soldados tunisianos e egípcios sunitas batendo em cidadãos tunisianos e egípcios também sunitas, no Bahrein as forças de repressão eram mercenárias, em muitos casos paquistanesas, e os manifestantes eram cidadãos locais xiitas, que protestavam contra um regime sunita. Sunismo e xiismo são duas correntes rivais do islamismo. Além da divisão sectária, portanto, também havia o fato de que soldados estrangeiros tinham menos pudores em reprimir com muita violência a população local. Eu estava dentro de um hospital, fotografando, quando começaram a chegar vítimas fatais dos ataques com gás lacrimogênio. A ONG Physicians for Human Rights ("Médicos pelos Direitos Humanos") fez depois um estudo comprovando que as forças do Bahrein usaram o gás em concentrações tão altas e de forma tão indiscriminada (jogando dentro da casa das pessoas ou dentro de carros com famílias, incluindo crianças, sem nenhum vínculo com os protestos), que podia ser classificado como arma química.

Eu presenciei como muitas das vítimas chegaram ao hospital já mortas, com o corpo duro pelo efeito do gás. Todas as fotos que eu fiz desse episódio, porém, foram apreendidas depois no quarto do hotel. Os outros jornalistas e eu estávamos no saguão do hotel quando chegou a polícia, entrou nos aposentos de cada um e levou embora os *backups* dos arquivos e quebrou os nossos computadores. As únicas fotos que tenho do Bahrein são as que eu havia enviado antes para a agência de notícias EPA.

A repressão no Bahrein se revelou tão brutal que os protestos foram rapidamente esmagados. Antes mesmo de isso ocorrer, porém, segui para o Cairo. Lá me encontrei com Clemens para ir à Líbia, onde os primeiros protestos haviam começado. Precisávamos ser cuidadosos na nossa decisão de como entrar no país, porque já era esperado que o ditador Muamar Kadafi, o "cachorro louco", conhecido por sua frieza e por gostar de uma guerra, não hesitaria em massacrar a própria população – e quem quer que se encontrasse no caminho, inclusive jornalistas – para manter-se no poder.

Muitos jornalistas acharam que era melhor entrar na Líbia pela fronteira com a Tunísia, pois era mais próxima da capital Trípoli, que logo, acreditavam alguns, cairia nas mãos da oposição. Essa aposta, como se provou depois, estava equivocada. A queda de Kadafi demorou meses, e só depois de uma sangrenta guerra civil. Clemens, porém, achou melhor entrar pela fronteira com o Egito. Ele tinha um conheci-

170
Correspondente
de guerra

do em Bengasi (cidade no leste da Líbia, na região da Cirenaica, onde os protestos contra Kadafi eram mais intensos) que se dispunha a nos buscar na fronteira. No dia 24 de fevereiro de 2011, nove dias depois do início dos protestos na Líbia, entramos no país de Kadafi. Ainda não havia guerra. Mas logo, logo, o país estaria pegando fogo.

A população anti-Kadafi conquistou o leste da Líbia em questão de dias, praticamente sem armas. Cerca de mil pessoas já haviam sido mortas por grupos pagos pelo ditador quando entramos no país, mas a guerra civil propriamente dita levaria mais algumas semanas para começar.

Clemens e eu passamos por Tobruk e Al Bayda antes de chegar a Bengasi, cidade sob o controle dos rebeldes – que naquele momento talvez nem pudessem ser chamados assim, pois não passavam de grupos desorganizados e sem comando, e nem todos devidamente armados. Em uma ocasião, vi um cidadão aprendendo a usar uma bazuca e, no momento em que fez o disparo, um companheiro dele passou por trás e foi atingido pela explosão que ocorre na culatra aberta do lançador de mísseis. Os rebeldes tentaram socorrê-lo, mas ele morreu. De alguma forma, porém, os moradores de Bengazi conseguiam governar a cidade, por meio de conselhos e decisões populares diretas. Todos participavam: fundamentalistas islâmicos, seculares, advogados, artistas, políticos, militares que haviam desertado do exército de Kadafi, médicos e escoteiros. Era surpreendente que as forças kadafistas ainda não houvessem atacado a cidade para valer. Parecia muito fácil retomá-la.

Foi o que Kadafi prometeu fazer em meados de março. Ele deu um ultimato para que os rebeldes rendessem a cidade e, quando a ordem foi ignorada, enviou seu exército para invadi-la. Nesse instante, a força área francesa entrou no conflito, refazendo o equilíbrio das forças em favor dos rebeldes.

Estávamos lá quando isso aconteceu, e tive imediatamente a certeza de que não estávamos mais cobrindo protestos populares contra um regime opressor. "Agora é guerra de verdade", pensei. E era uma guerra perigosíssima para jornalistas, como eu viria a descobrir com o tempo. Logo no início, no dia 16 de março, vários amigos nossos desapareceram na linha de frente: os repórteres Anthony Shadid e Stephen Farrel e os fotógrafos Lynsey Addario e Tyler Hicks, todos a serviço do jornal americano *The New York Times*. Um pouco antes, eu estava no mesmo lugar que eles, mas em um carro diferente, com outro grupo de jornalistas. Vimos que um comboio poderoso do exército de Kadafi estava chegando e decidimos bater em retirada, mas por algum motivo o carro em que eles estavam ficou para trás. Como eles não reapareceram na cidade, ficamos sem saber se haviam morrido ou se tinham sido presos. Apenas mais tarde soubemos que eles haviam sido capturados. Passaram cinco dias nas mãos dos soldados kadafistas. Lynsey relatou depois que ela apanhou, foi ameaçada de morte e teve as partes íntimas apalpadas por todos os militares que fizeram a guarda dela e dos outros jornalistas presos.

Se ainda podia restar alguma dúvida, a prisão dos profissionais do *New York Times* serviu de prova definitiva de que os jornalistas naquele conflito eram alvo, e não meros observadores neutros. Muitas vezes, para ir à linha de frente, pegávamos carona com os rebeldes, uma situação que obviamente nos colocava na mira do exército. Ir com carro próprio e identificado como sendo da imprensa, como se costumava fazer nos conflitos da década de 1990, certamente nos colocaria em risco ainda maior. Seríamos alvos preferenciais da artilharia de Kadafi. A palavra PRESS ("imprensa") pintada no capô de um carro seria lida pelos soldados – e por muitos rebeldes também – como "por favor, atire em nós".

Na guerra civil na Líbia, tinha-se o privilégio, raríssimo em outros conflitos, de se chegar à linha de frente com muita facilidade, porque boa parte da luta ocorria no deserto. Um dia no *front* certamente rendia uma ou duas fotos de combate, ainda que fossem simples cenas de homens armados disparando contra o horizonte. Isso levou muitos jornalistas a se colocar de frente para o perigo.

Um dos momentos mais assustadores que vivi na Líbia ilustra bem o tipo de risco que corríamos. Um escoteiro de uns 18 anos chamado Mohammed, disposto a pegar em armas contra o ditador, comprou um fuzil FAL e nos convidou para ir com ele ao *front*. O fotógrafo português João Pina, um inglês (cujo nome eu nunca soube) e eu subimos na caçamba da picape. Como a guerra ainda estava no começo, o veículo sequer havia sido adaptado com uma metralhadora na caçamba, como passou a ser praxe depois. Só um motorista e Mohammed, armados com fuzis, na cabine. Do nosso lado, na estrada, cruzando o deserto, ia outra picape cheia de rebeldes, a maioria sem armas e amontoada no capô. Um deles dirigia o veículo de pé sobre o estribo, do lado de fora, com a porta aberta, enquanto o sujeito que estava sentado na poltrona do motorista pisava fundo no acelerador. Parecia uma cena de *Mad Max*, só que sem os personagens maquiados e o restante da palhaçada hollywoodiana.

Na caçamba da picape onde eu estava havia alguns engradados de Pepsi. Abrimos uma garrafa cada um. Olhei para o João e falei:

– Que loucura. Estamos tomando Pepsi e indo para a linha de frente com gente que nunca vimos na vida.

Uns dois minutos depois de terminar essa frase, fomos recebidos por uma saraivada de balas disparadas pelas tropas de Kadafi situadas a apenas 200 metros de distância. O motorista da nossa caminhonete foi atingido e morreu. O veículo foi parando lentamente e pulamos todos para fora. Mohammed sacou o fuzil e, chorando, começou a atirar contra os soldados. Ele não tinha a menor ideia do que estava fazendo, pois era a primeira vez que pegava numa arma. Um rebelde da outra picape agarrou uma bazuca e disparou também. João, o jornalista inglês e eu nos esprememos atrás da roda do carro, que balançava com o impacto das balas.

– João, nós vamos morrer aqui – eu disse.

Quando parecia que a situação não podia ficar pior, começaram a cair morteiros perto de onde estávamos. Alguns projéteis afundavam na areia fofa e não explodiam. Então ouvi um zumbido e vi uma bomba enorme, rodopiando no ar, passando por cima de nós, a uns 10 metros de altura, e explodindo logo à frente com um estrondo demoníaco.

– João, vamos correr, a gente vai morrer mesmo aqui!

Saímos em disparada pela estrada. Enquanto corria, eu pensava: "Por que eu não estou morto ainda?". Ouvíamos o barulho das bombas se aproximando e explodindo do nosso lado, no deserto.

Os rebeldes da outra picape entraram no carro e fugiram. Quando passaram por nós, fizemos gestos para que parassem para nos dar carona. Em pânico, eles nos ignoraram. Para falar a verdade, quase nos atropelaram na fuga. Ficamos completamente abandonados na linha de frente. Olhamos para trás e vimos a caminhonete que havia nos levado até lá indo para os ares, atingida por uma bomba. O jovem Mohammed, que estava atrás dela disparando com sua FAL, explodiu junto.

Continuamos correndo pela estrada, mas parecia que não estávamos saindo do lugar, porque no deserto faltam pontos de referência para se avaliar a distância percorrida. O inglês estava em boa forma física e corria na frente. Eu estava mais ou menos. Mas o João era mais lento, e ficou para trás. Para conseguir correr mais rápido, pensei em abandonar a máquina fotográfica, que começou a pesar. Se eu estivesse de capacete e colete teria me desvencilhado de tudo. Esse equipamento não seria capaz de me proteger daquelas bombas – que caíam no nosso encalço, ao nosso redor e também na nossa frente – e só me deixaria mais lento.

Quando enfim alcançamos um ponto da estrada onde os projéteis não nos alcançavam, com os rostos cobertos pela fuligem das explosões, paramos e nos entreolhamos, incrédulos. Parecia impossível que tivéssemos sobrevivido. Até hoje, quando conversamos sobre esse episódio, João Pina diz:

– Era para termos morrido.

A partir de então, ficou claro para mim que, apesar do fato de que nós, jornalistas, dependíamos deles em muitas situações, os líbios a qualquer momento poderiam nos abandonar ao menor sinal de perigo. Afinal, eles deixaram até o jovem Mohammed, um dos seus, para trás. Fizeram isso também com Lynsey, Tyler, Anthony, Stephen e no episódio que resultou na prisão de James Foley, Clare Morgana Gillis, Manu Brabo e na morte de Anton Hammerl.

Dá para entender o porquê. Os rebeldes não eram uma força organizada, com um comando bem definido. No começo, sequer os pequenos grupos que iam para a batalha tinham um líder. Nós, jornalistas, os chamávamos de *shabab* ("jovens", em árabe), porque era com essa expressão que os grupos de amigos convocavam as pessoas a se juntar a eles numa investida à linha de frente. Eles subiam num carro e gritavam: "Vamos lá, *shabab*!", como quem diz "vamos lá, galera!".

Pela falta de experiência militar da maioria dos rebeldes, era perigoso estar com eles mesmo longe da linha de frente. Por qualquer motivo, disparavam suas armas. Até contra aviões eles atiravam com seus fuzis, o que era obviamente inútil. Com ainda maior frequência, eles atiravam para o ar para festejar ou simplesmente para se sentirem bem. Faziam isso tanto que os jornalistas brincavam: "Kadafi deve estar lá em cima."

Os rebeldes não se preocupavam em economizar munição porque tinham acesso a enormes arsenais apreendidos – ou simplesmente entregues por tropas desertoras – nos quartéis de Brega, Ras Lanuf e outras cidades. Eu acompanhei o "saque" a um desses quartéis. Qualquer um que tivesse uma caminhonete saía de lá com caixas e caixas de munição e armas. O capacete e outros equipamentos de proteção que eu uso até hoje quando vou cobrir algum conflito eu peguei lá. Peguei também um revólver Taurus, de fabricação brasileira, só para fotografar e anotar o número de série (a exportação desse tipo de arma para a Líbia era perfeitamente legal). Depois descartei. Na minha opinião, jornalista não deve andar armado, porque isso viola a neutralidade necessária para cobrir um conflito sem ser confundido com um combatente. O único lugar onde eu andaria armado é a Síria. Desde que o grupo radical Estado Islâmico ganhou força no conflito interno desse país, não é uma boa ideia cair vivo em suas mãos. Mas eu teria que aprender a usar. Só andar com uma pistola, sem treinamento, não adiantaria de nada. Clemens me contou que ele estava em Mogadishu quando ocorreu o episódio de enfrentamento entre as forças americanas e os rebeldes somalianos, que foi retratado no filme *Falcão Negro em perigo*, de Ridley Scott. E ele disse que vários jornalistas andavam armados com pistolas. Em lugares onde cair na mão de certos grupos significa morte certa, independentemente de ser jornalista ou não, faz sentido andar armado para aumentar um pouquinho que seja a chance de sair com vida.

Eu nunca vi um jornalista armado cobrindo um conflito. O que eu presenciei foram estrangeiros fanáticos por guerras que usam a fachada de "jornalistas" como desculpa para chegar a um conflito. Na Líbia, havia um desses. O nome dele é Matthew VanDyke, um americano que passou alguns anos viajando de moto pela África e pelo Oriente Médio fazendo documentários e que decidiu juntar-se à oposição armada a Kadafi quando começou a guerra na Líbia. Foi preso logo no início pelo exército líbio, e se apresentou como jornalista. Porém, ninguém nunca tinha ouvido falar nele no meio jornalístico. A mãe de Matthew procurou o Comitê de Proteção aos Jornalistas (CPJ), com sede em Nova York, pedindo ajuda, porque ele tinha sumido. O CPJ consultou os profissionais que estavam trabalhando na Líbia, mas ninguém tinha visto ou sabia da existência do Matthew. Cinco meses depois, em agosto de 2011, quando Trípoli, a capital líbia, caiu nas mãos da oposição e as prisões foram abertas, quem é que sai, praticamente só osso, de uma cela no distrito de Abu Salim? Matthew VanDyke, claro, que não perdeu a oportunidade que a atenção da imprensa proporcionou para ficar conhecido. A partir de então, ele passou a se apresentar como "documentarista, analista de segurança, comentarista, blogueiro e veterano da revolução líbia". O CPJ imediatamente despejou suas críticas sobre Matthew, afirmando que ele colocou outros jornalistas em risco por atuar como combatente ao mesmo tempo que se identificou como repórter. A crítica é justa. Ele estava abrindo um precedente perigoso, que levaria os soldados de Kadafi e também os combatentes rebeldes a entender que jornalistas também andam armados e matam pessoas, e portanto são um alvo legítimo.

É incrível como as guerras civis da atualidade atraem malucos querendo dar uma de mercenários. São sujeitos cansados de jogar paintball em seus países estáveis e ricos, e que procuram algo realista, com mais adrenalina. São pessoas que perderam a empatia política com a sociedade em que vivem, e buscam em outro lugar uma causa pela qual possam, literalmente, lutar. Eles preferem morrer em algum rincão longínquo a serem zés-ninguém em seus próprios países. Isso acontece não apenas nos conflitos do Oriente Médio, mas também na Ucrânia e em qualquer lugar que tenha atenção da imprensa.

O mundo moderno dá muita facilidade para eles perseguirem essa obsessão. Um americano, por exemplo, pode treinar tiro em seu país, comprar um equipamento básico de guerra, com colete à prova de balas, capacete, uniforme camuflado, faca e kit de primeiros socorros militar e uma passagem aérea para o centro do conflito e pronto. Basta ter feito alguns contatos pela internet para ser aceito como combatente. Só não levam a arma de casa porque seriam barrados no aeroporto.

Tive problemas sérios com um desses malucos em Sirte, na Líbia. Eu estava acompanhando um grupo de rebeldes e chegou um mestiço coreano-americano todo paramentado. Parecia um soldadinho americano, e destoava muito dos rebeldes, que usavam roupas civis e sandália. Estava armado com um fuzil Kalashnikov Sniper, que é mais comprido do que os comuns. Ele parou do meu lado e ficou me encarando. Eu fiquei incomodado e tratei de olhar para outro lado. Vi, então, dois médicos líbios que eu já conhecia e fui conversar com eles, para sair de perto daquele sujeito estranho. Eles estavam transtornados pela guerra, e atuavam mais como combatentes do que como médicos de fato. O coreano-americano, que se chamava Kevin Patrick Dawes, aproximou-se novamente e me encarou:

– Quem é você?

– Sou o André.

E começou a me questionar e, quando se deu por satisfeito, a dar ordens. "Não vai por aí que é perigoso", coisas desse tipo.

Certo dia, eu fui com os dois médicos-combatentes líbios, a jornalista Clare Morgana Gillis e o tal Kevin a uma rua de Sirte onde estava acontecendo uma batalha terrível. Estávamos espremidos em um recuo de uma casa, um lugar parecido com uma garagem, só que sem portão, e os tiros de fuzil passavam no nossa frente, vindos da outra ponta da rua. Um dos médicos, Tameem Abugharsa, saiu do vão protegido onde estávamos, foi para o meio da rua e começou a atirar nos soldados de Kadafi com uma metralhadora. Acabou levando um tiro no joelho.

Ferido, ficou caído no meio da rua, gritando e perdendo muito sangue. Ele era grande e gordo, mas não podíamos deixá-lo ali. O outro médico, Toufik, e eu corremos para buscá-lo no meio do tiroteio e trouxemos de volta para o vão da casa. Tirei meu cinto e fiz um torniquete na coxa dele, e Toufik continuou o tratamento. Não sou médico, evidentemente, mas sei fazer um torniquete porque fiz treinamento de primeiros socorros quando trabalhei na empresa de equipamentos de desminagem. Eu voltei a fotografar o combate e por isso não vi quando Kevin desfez o meu torniquete e tentou substituí-lo por outro, todo elaborado, do exército americano. Mas ele não sabia usá-lo direito e, como tinha tirado o meu, permitiu que a hemorragia começasse de novo. Toufik, quando viu o que Kevin estava fazendo, empurrou-o gritando, furioso. Eu também me enfureci, encurralei Kevin num canto e fiquei segurando-o, enquanto Toufik refazia o garrote para estancar o sangue. Quando ele terminou, decidimos que tínhamos que tirar Tameem dali. E não dava para ir aos poucos, buscando refúgio a cada metro nas reentrâncias das casas, porque todos os lugares protegidos da rua estavam lotados de rebeldes. Não haveria espaço para nós. Tinha que ser de uma vez. Era uma tarefa difícil e perigosa, porque o tiroteio não cessava e Tameem era muito pesado.

Eu falei para Kevin:

– Vai na frente abrindo caminho.

Toufik, Clare e eu fomos atrás, carregando Tameem.

Kevin foi, mas depois de andar um pouco, travou na nossa frente, petrificado. Para fazê-lo andar, dei um chute bem forte no seu traseiro com minha bota de bico de metal. Fiquei até preocupado, achando que tinha quebrado algum osso dele. Mas funcionou, e ele andou. Quando chegamos à esquina, dobramos e colocamos Tameem em um carro. Toufik e Kevin foram juntos com ele para o hospital. Clare e eu voltamos para a linha de frente. Uns 40 minutos depois, Kevin reapareceu e começou a me ameaçar. Quando eu levantava a câmera para fotografar, ele colocava a mão na frente da lente. Eu mandei ele parar. Até que, numa das vezes em que fui até perto do limite entre o muro da casa e a rua para fotografar o combate, Kevin me empurrou para que eu fosse parar bem no meio da linha de tiro.

Eu fui para cima dele e escutei o "clac-clac" do seu fuzil sendo armado. Ele ia me matar. Levantei minha máquina fotográfica e bati com toda a força na sua boca. O soldadinho caiu e eu continuei batendo no rosto, porque ele estava de capacete. Os rebeldes nos agarraram, furiosos, e ameaçaram nos matar. Eu conhecia alguns deles e falei:

– Olha aqui, quem é esse cara todo armado? Ele é americano. Pergunta se ele é líbio.

Acabaram levando Kevin preso. Depois disso, ele continuou ameaçando me matar, só que por meio de um blog, onde trocou meu nome por "Frank". Soube que ele foi posteriormente para a Síria e lá desapareceu.

Há quem me pergunte se o fato de eu e Clare termos arriscado nossas vidas para ajudar um combatente não afeta nossa neutralidade como correspondentes de guerra. Eu acredito que não. Se partirmos do pressuposto de que um jornalista só pode registrar o que acontece à sua volta, sem se envolver de nenhuma forma com seus personagens, então ele também não pode comer o que eles comem, nem dormir onde eles dormem. A neutralidade vem da liberdade de ser crítico ao que os sujeitos do seu relato, visual ou não, fazem. Ajudar um ser humano ferido é muito diferente de pegar em armas para matar pessoas em nome de uma causa alheia. Se você não tem o mínimo de companheirismo com a pessoa que está ao seu lado, com quem você divide bons e maus momentos, como vai querer que ele confie em você e deixe que o acompanhe nos episódios mais tensos e vulneráveis de sua vida?

Numa guerra, todo mundo é peixe. Os combatentes são peixes, os civis são peixes, os soldados são peixes. Todos estão igualmente molhados. O jornalista também está no mesmo ambiente, e se molha tanto quanto os outros "peixes". A diferença é que o jornalista pode pôr a cabeça para fora e respirar algo diferente, avaliar a situação de outra perspectiva. O jornalista é um anfíbio.

Nesse sentido, o papel do jornalista não é o de individualizar a brutalidade humana. Os combatentes, seja de que lado estão, morrem, matam e cometem abusos. O correspondente está ali para retratar o que acontece numa guerra, *naquela* guerra, não para julgar os erros individuais. A não ser quando se está falando de comandantes ou criminosos de guerra, claro.

Esse papel raramente é compreendido pelos combatentes de qualquer lado. Certa vez, em Sirte, os rebeldes quase me mataram por isso. Eles haviam acabado de destruir um hospital da cidade em meio a uma batalha contra as forças de Kadafi, matando vários médicos, funcionários e pacientes. Eu comecei a fotografar todo o estrago, o efeito do que haviam feito. Um deles me viu e apontou a arma para mim, ameaçando me matar:

– Nada de fotografia!

– Vou fotografar, sim! Como não? – respondi.

O fotógrafo espanhol Ricardo Vilanova, que posteriormente passou 194 dias como refém do Estado Islâmico na Síria, me defendeu, arrancando o fuzil da mão do líbio. Imediatamente fomos cercados por outros combatentes rebeldes, que colocaram panos quentes na situação, mas nos mandaram embora sem que pudéssemos continuar nosso trabalho.

Meu contrato com a *Spiegel* durou quase oito semanas e pegou a primeira fase da guerra civil líbia. Clemens não ia comigo para a linha de frente. Para conseguir boas informações, a frente de batalha era, tanto no sentido figurado quanto literal, um deserto. Ele preferia, com razão, ficar na cidade, fazendo entrevistas e observando o cotidiano. Às vezes ele vinha até a retaguarda, que era onde os rebeldes se reuniam para sair para os combates e também onde chegavam os feridos.

Certo dia Clemens, ou a direção da *Spiegel*, concluiu que não era necessário continuar. Os custos eram altos, e já estávamos há muito tempo fora de casa. Clemens voltou para a Alemanha. Eu decidi ficar. Telefonei para um funcionário do Comitê Internacional da Cruz Vermelha que eu conhecera em Osh, no Quirguistão, e sugeri fazer um trabalho parecido com o que já tinha feito para eles na Somália:

documentar a atuação dos motoristas de ambulância, dos enfermeiros e dos médicos durante a guerra. Ele topou. A partir de então, mergulhei no universo da assistência médica no conflito, deixando de lado a cobertura mais factual, ou melhor, dos fatos mais imediatos e, por consequência, o convívio intenso com outros jornalistas.

Às vezes, com longos intervalos de tempo, eu voltava para casa, em Roma, e passava um ou dois dias com meus filhos e minha mulher. A relação com Raffaella, nem é preciso dizer, foi se deteriorando ainda mais. Minha filha tinha 4 anos, meu filho ainda nem completara 1 ano. Eles não entendiam bem o que era uma guerra e estavam acostumados com um pai que vivia viajando. Eu falava com eles todos os dias por Skype e, dessa forma, matava a saudade do melhor jeito que dava. A guerra que se desenrolava a apenas 1.300 km de Roma, do outro lado do mar Mediterrâneo, me consumia. E o pior ainda estava por vir.

De Misurata a São Paulo

– Eu sou jornalista. Me levem para Misurata com vocês.

– Não pode entrar aqui, não. É segredo – disse o líbio que estava carregando um barco de pescador com caixas e mais caixas de munição.

– Quem fazia segredo era o Kadafi. Agora a Líbia é livre. Se vocês não me deixarem entrar, são iguaizinhos ao Kadafi.

Os tripulantes da pequena embarcação discutiram entre si e decidiram:

– Ah, é assim? Então entra.

Misurata era o lugar mais quente da guerra civil naquele momento. A terceira maior cidade da Líbia, a apenas 200 quilômetros da capital Trípoli, estava sitiada pelas forças do governo. Todos os dias morriam civis em meio aos combates. Os inimigos disputavam metro por metro das ruas, casa por casa, em meio à população. Era uma situação muito pior, portanto, do que as das outras cidades, em que as batalhas ocorriam a certa distância, no deserto. Milhares de estrangeiros que trabalhavam para empresas multinacionais esperavam para serem evacuados pelo porto. Ninguém conseguia entrar na cidade, e não havia nenhum fotojornalista lá para registrar o que estava acontecendo.

Quando, por acaso, vi um barco sendo carregado com munição no porto de Bengasi e suspeitei que estivesse a caminho de Misurata, portanto, não tive dúvidas: apesar de ter deixado minha bagagem no hotel (tinha apenas o notebook, o celular e a máquina fotográfica comigo), decidi embarcar.

Pulei no convés e pensei: "Daqui eu não saio." Durante oito horas, os rebeldes carregaram o barco. Dois documentaristas franceses passaram por ali, tiveram a mesma ideia que eu e também embarcaram. Tive o impulso de ligar para o fotógrafo Mike Brown para convidá-lo para vir junto. Eu passara aquele dia inteiro com ele, indo de hotel em hotel para identificar um grupo de jornalistas que haviam desaparecido na linha de frente, a pedido da Human Rights Watch (HRW). Depois de enviar para Peter Bouckaert, da HRW, os nomes de James Foley, Clare Morgana Gillis, Manu Brabo e Anton Hammerl, eu decidi ir ao porto, enquanto Mike ficou no hotel.

Acabei desistindo de chamá-lo, ou mesmo a outros fotógrafos que estavam em Bengasi, para a travessia de barco. Eu estava cansado da "panelinha" que os jornalistas e fotógrafos formavam. Como eu passara a cobrir a guerra do ponto de vista da assistência médica, havia me afastado do convívio mais intenso com meus colegas. Preferia – além de ser obrigatório para o meu trabalho – estar sempre próximo dos profissionais de saúde ou dentro de uma ambulância.

Os fotógrafos ou repórteres mais famosos trabalham sempre cercados de profissionais menos experientes ou admiradores. Estes parecem acreditar que, se o jornalista de renome está em determinado lugar, é porque algo imperdível vai acontecer ali. Eu fiquei especialmente impressionado com esse fenômeno na linha de frente em Bin Jawad, uma cidade sob o controle das milícias pró-Kadafi. Os rebeldes entravam na cidade, tomavam tiro, voltavam, faziam nova investida, eram rechaçados e assim por diante. Por causa dessa dinâmica, as ambulâncias eram obrigadas a avançar bastante no campo de batalha para recolher opositores feridos. Eu ia junto. Cada vez que passávamos pela linha de frente, eu via aqueles grupos de jornalistas em torno de uma estrela qualquer da imprensa mundial e me espantava: "O que fazem esses doidos aí, batendo papo, sem ter nada para fotografar ou observar, ao alcance da artilharia?". Eu estranhava porque, até então, sempre trabalhei sozinho ou em dupla com um repórter, tanto na Somália como nos outros levantes da Primavera Árabe. Essa coisa de andar em grupo me incomodava.

Esse hábito dá aos jornalistas uma sensação de segurança, tanto física como profissional. Física, porque se tem a esperança de que, se acontecer algo de ruim, os amigos tratarão de cuidar uns dos outros, levando os feridos ao hospital, por exemplo. E profissional, porque não é preciso se preocupar com a concorrência do outro. Se houver algo para fotografar, todos estarão ali e ninguém perderá nada. E, se nada acontecer e não houver foto para fazer, todos estarão igualmente improdutivos. Quem quebra esse pacto de comodidade muitas vezes não é visto com bons olhos.

Para mim, aquilo era absurdo, porque eles estavam correndo riscos por nada. Não havia nada para relatar ou documentar, mas ainda assim eles permaneciam numa zona de perigo. Eu também podia morrer, mas achava que ficar parado era pior.

Eu costumava dormir no hospital ou com o pessoal das ambulâncias, mas vez ou outra voltava ao hotel para pernoitar ou usar a internet, mais rápida do que em outros lugares da cidade. Nessas ocasiões, eu ouvia as conversas dos outros fotógrafos, e percebia uma falsidade no que estavam fazendo que não condizia com a realidade que se desenrolava lá fora. Certa vez, por exemplo, ouvi Thomas Dworzak, fotógrafo da badalada agência Magnum, falando:

– Ai, eu adoro o trabalho do Mike Brown.

– Por quê? – perguntei.

– Porque é um trabalho sem compromisso.

Ele se referia ao fato de que Mike estava fotografando a guerra com o iPhone e usando aplicativos com filtros como os do Hipstamatic. Eu ficava incomodado com isso. Os aplicativos de celular produzem imagens que distorcem uma realidade tão terrível como uma guerra, embelezando-as ou conferindo-lhes uma dramaticidade exagerada. Como jornalistas experientes podiam admirar isso? Tudo o que eu via na Líbia me chocava e entristecia muito. Eu não gosto de ver gente morta ou machucada. O mínimo que podemos fazer é documentar aquilo com honestidade, sem filtros. Posso ser purista demais, mas eu sentia uma falsidade comercial ao ver meus colegas usando aplicativos do iPhone para fazer imagens com cores saturadas ou bonitinhas da guerra. Os líbios que se deixavam fotografar por nós achavam que as imagens que enviaríamos e publicaríamos fora do país poderia de alguma forma melhorar a sua vida, a sua situação sofrida. Nenhum de nós dizia-lhes que isso era uma ilusão, que não tínhamos o poder de mudar suas vidas.

Mike tinha uma desculpa para fotografar apenas com iPhone: sua máquina fotográfica quebrou. Mas isso aconteceu justamente porque ele estava "experimentando" com o iPhone: enquanto registrava as rezas de sexta-feira em Bengasi com o celular, a câmera profissional dele escorregou e caiu no chão. Não faltou quem lhe oferecesse suas câmeras reservas emprestadas, mas ele não quis. Preferiu continuar fazendo fotos com o celular.

Posteriormente, em um tiroteio em Bin Jawad, Mike levou um tiro na batata da perna. Não foi nada muito grave, tanto que ele saiu andando. Clemens e eu ajudamos a levá-lo ao hospital.

O fato é que passei a me distanciar de toda aquela turma de fotógrafos. A modinha de fazer foto com celular, como se tudo não passasse de diversão, aquele jogo de autorrealização, em que um exibia para o outro as fotos de cadáveres no Hipstamatic e se elogiavam... isso tudo me dava nojo. O fato de ser brasileiro também era um fator que causava distanciamento. Poucos jornalistas latino-americanos foram cobrir a guerra, a maioria, talvez todos, a serviço de veículos de seus países. Em geral, eram discriminados pelos europeus ou americanos, que se veem um pouco como donos do monopólio das coberturas de guerra e se incomodam quando aparece um indiano, um japonês ou latino-americano. O fato de ser um brasileiro cobrindo o conflito para instituições internacionais me colocava numa espécie de limbo político dessas relações de coleguismo. De qualquer forma, eu não me identificava com eles, assim como não me identificava com certos grupos com os quais convivia nos meus tempos de Botucatu.

Enquanto aguardava a saída do barco para Misurata, eu concluí: "Vou chamar o Mike para Misurata para fazer o quê, lá? Para fotografar com o celular?". E não chamei ninguém.

A viagem para Misurata durou três dias e duas noites infernais. O barco era tão precário quanto aqueles que levam migrantes clandestinos para a Itália, a partir da África. A diferença é que, no meu caso, a embarcação estava abarrotada de armas e munição, não de gente. O mar estava bravio, eu fiquei enjoado durante todo o percurso e, para completar, quase fomos levados a pique por um avião da Otan, cujo piloto provavelmente suspeitou das nossas intenções. Além disso, havia o risco de que helicópteros de Kadafi viessem para se encarregar de nos afundar.

Quando nos aproximamos do porto de Misurata, a tripulação do barco deu tiros para o alto, uma senha que indicava que não apresentávamos perigo para os rebeldes. Naquele momento do cerco à cidade, só mesmo em pequenos barcos de pescadores era possível entrar. De resto, ninguém chegava e ninguém saía.

Era uma coisa terrível. Já na minha primeira noite na cidade, houve um surto de salmonela no acampamento onde estavam abrigados os funcionários das empreiteiras e empresas petrolíferas.

Os documentaristas franceses e eu éramos os únicos jornalistas em Misurata. Enquanto eu estava sozinho na cidade, eu enfrentava um medo constante. A situação ali era muito mais perigosa do que aquela que havíamos experimentado em Bengasi. Se houvesse muitos jornalistas em Misurata, talvez se sentissem mais confiantes e, como resultado, começariam a morrer.

A artilharia do exército de Kadafi estava lançando bombas no meio da cidade, indiferentes ao fato de que, com isso, estavam vitimando a população civil, não apenas os combatentes da oposição. Misurata estava cercada e sob ataque. Eu passava os dias no hospital ou dentro de uma ambulância acompanhando o socorro aos feridos. Vi muita gente morta. Às vezes, chegavam ao hospital 100 mortos em 24 horas. Combatentes, idosos, mulheres e crianças. Ninguém estava seguro. Numa das saídas com a ambulância, ajudei a carregar os cadáveres de crianças para dentro do veículo e tive de segurar uma mulher em desespero porque o carro onde o marido, a filha e o filho estavam havia sido atingido por uma bomba.

Depois de uma semana, chegaram os primeiros barcos grandes enviados para resgatar os trabalhadores estrangeiros. Nesses navios aportaram também jornalistas. Ajudei Christopher Chivers, Bryan Denton e a Sidney Kwiram, da organização Human Rights Watch, a conseguir alojamento e com dicas de quem já tinha enfrentado uma semana no inferno.

Certo dia, o exército de Kadafi chegou a apenas 100 metros da porta do hospital onde estávamos, a um dedo de ganhar a guerra em Misurata... e, claro, de nos matar ou prender. Na equipe da HRW havia um conselheiro militar, um ex-soldado, que avaliou a situação e decidiu pela evacuação. Eu ouvi aquilo e pensei que talvez devesse ir embora com eles no barco que já os esperava. Mas decidi ficar. Eles foram.

Antes de optar por permanecer em Misurata, porém, entreguei meu capacete e meu colete à prova de balas para Hussein Aboturkia, um motorista de ambulância que me levou à linha de frente diversas vezes. Como eu pensava em evacuar, achava que não iria mais precisar do equipamento de proteção. E mesmo se ficasse, Hussein ia muito mais vezes para o meio da batalha do que eu, e corria mais riscos. De fato, o colete salvou sua vida duas vezes. Na primeira, um morteiro caiu próximo à ambulância, lançando estilhaços que laceraram sua perna e teriam feito o mesmo com seu abdômen, se não tivessem sido barrados pelo colete. Na segunda, aconteceu algo parecido, e mais uma vez ele encontrou pedaços de estilhaço encravados no colete. Sempre que vou à Líbia e encontro Hussein, peço, brincando, que ele devolva meu colete. Ele se recusa, dizendo que deve a vida ao equipamento.

Em algumas situações e dependendo do calibre das armas que estão sendo usadas em um combate, o capacete e o colete de nada adiantam. Isso ficou claro para mim durante um ataque dos rebeldes a uma casa em que havia uns 100 soldados de Kadafi encurralados. Os rebeldes dispararam com uma arma antiaérea a uma curta distância contra o muro da casa onde estavam os soldados, acreditando que o projétil atravessaria a barreira. Mas a bala explodiu no muro e jogou estilhaços em todas as direções. Uma delas atingiu Hamid Shwaili, um mecânico desempregado que havia se juntado à luta contra Kadafi, e que estava ao lado do canhão. Eu estava muito próximo, abaixado e protegido atrás de um rebelde. Filmei toda a cena. Eu suspeitei que aquele disparo ia dar errado. Pensei nos meus filhos e disse a mim mesmo: "Não vou morrer aqui, numa guerra que não é minha." Hamid foi atingido na virilha e caiu, estirando o braço em desespero, pedindo ajuda.

Outros rebeldes correram para socorrê-lo no meio da rua, agarraram-no pelos braços e levaram para uma garagem. Eu corri atrás, sempre filmando, sob uma chuva de tiros dos soldados kadafistas. Dentro da garagem, um médico líbio tentou estancar a intensa perda de sangue, mas não conseguiu salvar Hamid. Eu gritava, em choque, exigindo uma ambulância. Não conseguia parar de gritar mesmo quando provavelmente era tarde demais. Então uma bala atingiu a parede da garagem, e um fragmento entrou nas minhas costas, na região do trapézio. Também caiu chumbo queimado por dentro da minha camisa. Eu pensei que tivesse sido atingido em cheio. Senti uma fisgada, uma queimadura, e muito medo. Medo de morrer. Caí no chão, com muita dor. Depois, um médico extraiu o fragmento com uma pinça.

O episódio mostrou-me, mais uma vez, que a atitude cuidadosa num campo de batalha vale mais do que estar todo equipado, numa armadura. Hamid e eu estávamos a poucos metros de distância um do outro. Ele usava capacete e colete à prova de balas. Eu não. Mas ele estava exposto, no meio da rua. Eu não.

Isso ocorreu em 24 de abril. Quatro dias antes, eu assisti às mortes de dois jornalistas estrangeiros, em um dos episódios mais dramáticos dos bastidores da cobertura da primeira fase da Primavera Árabe.

Mike Brown, o fotógrafo que eu deixara em Bengasi depois de confirmar o desaparecimento de James Foley, Manu Brabo, Clare Morgana Gillis e Anton Hammerl, chegou a Misurata de barco pouco mais de uma semana depois de mim, acompanhado do americano Chris Hondros, dos britânicos Tim Hetherington e Guy Martin e do espanhol Guillermo Cervera. Chris e Tim eram os fotógrafos mais famosos do grupo. Chris tinha 41 anos, experiência na cobertura de guerras como as do Afeganistão e do Iraque, entre outras, e o prêmio Robert Capa Gold Medal de 2006. Tim era codiretor, com o repórter Sebastian Junger, do documentário *Restrepo*, sobre a guerra do Afeganistão, indicado para ao Oscar de 2010. Como fotógrafo, ganhou o prêmio World Press Photo de 2007. Ambos, portanto, não eram novatos em guerras. Os outros, sim. Eu me encontrei rapidamente com eles, e não os vi mais. Foram se alojar em outro lugar.

No dia 20 de abril, o meu caminho cruzou novamente com o deles. Eu passei a noite anterior numa ambulância com o motorista Omar Guti em um estacionamento de subsolo perto da rua Trípoli, no centro de Misurata. Por causa dos intensos combates na área, achamos mais seguro pernoitar ali. De manhã, saí para a rua para acompanhar os combates. Casa após casa, os rebeldes estavam conquistando terreno na rua Trípoli. A batalha naquele dia seria determinante para o futuro da guerra. A partir de então, a expulsão dos kadafistas da cidade era apenas uma questão de tempo. Alguns dos prédios na rua ainda continham franco-atiradores kadafistas. Cautela, portanto, era essencial.

Apesar de haver momentos de calmaria no tiroteio, eu me mantinha protegido atrás de um muro. Vi, então, Mike, Chris, Tim, Guy e Guillermo caminhando praticamente no meio da rua. Eu fiquei espantado. Será que eles não sabiam que no prédio em frente, em chamas, havia cerca de trinta *snipers* de Kadafi? Guillermo parou bem em frente ao prédio, exatamente no local onde eu tinha visto um rebelde sendo assassinado, uma hora antes.

Eu estava a uns 50 metros de distância e precisei gritar para ser ouvido:

– Sai daí, Guillermo!

Ele veio andando bem devagar na minha direção, colou o rosto no meu, ameaçador, e disse:

– Nunca mais me diga o que fazer.

– Ok, não lhe digo mais nada, mas, antes que eu me esqueça, vai se foder bem longe daqui, e fica se fodendo lá o mais forte que você puder, filho da puta!

Ele começou a me peitar, e eu lhe dei uma forte cabeçada no nariz. Em seguida, bati no seu rosto com a máquina fotográfica, que fica presa ao meu punho por uma alça com velcro que eu desenvolvi. Eu já tinha ficado incomodado com o espanhol no seu primeiro dia em Misurata, quando ele pediu para um menino segurar uma bomba de fragmentação não detonada para poder fotografar. Era um perigo. Aquilo podia explodir na mão do garoto. Mas, naquele momento, na rua Trípoli, eu só queria ajudá-lo, queria evitar que ele morresse.

Guy surgiu para nos apartar, mas a briga definitivamente estragou minha relação com aquele grupo de jornalistas. Como eles estavam juntos, apoiaram Guillermo. Quem quiser conhecer a versão deles do que aconteceu pode ler a biografia de Tim Hetherington, *Here I am*, escrita por Alan Huffman. O fato é que eu me senti péssimo com aquela situação. Uma guerra acontecendo e nós dois idiotas ali, brigando.

Depois da refrega, entrei com Guti na ambulância e fomos à casa de uma família que estava sendo mantida refém e cujos integrantes cozinhavam e serviam de escudo humano para os soldados de Kadafi. Com o avanço dos rebeldes, era possível evacuar os membros da família. Quando chegamos lá, percebi que os kadafistas ainda estavam muito próximos, em uma rua atrás das casas. Tim e os outros fotógrafos chegaram a pé para registrar o resgate. Na filmagem que eu fiz, dá para vê-los caminhando na rua, Chris e Guy de colete e capacete, os outros, não. Recolhemos os membros das famílias na ambulância e em outros carros dos rebeldes e corremos para o hospital com Guti, sob intenso tiroteio. Assim que saímos, um morteiro caiu bem próximo da casa da família que acabáramos de resgatar e a ambulância quase foi atingida por uma granada. As tropas de Kadafi sabiam que estávamos ali. Escapamos por pouco. Os outros jornalistas também saíram ilesos.

Ao chegar ao hospital de al-Hekma, recebemos a informação de que os rebeldes estavam tentando tomar um edifício na rua Trípoli chamado al-Beyt Beytik, onde havia vários franco-atiradores entocados. O médico el Haddad e eu entramos, então, em uma ambulância conduzida por Aboturkia e voltamos à rua Trípoli. Chris, Tim, Mike, Guy e Guillermo já estavam lá.

São raros os momentos na carreira de um correspondente de guerra em que se tem a oportunidade de testemunhar uma batalha em que os inimigos estão tão próximos, quase numa luta corpo a corpo. Há jornalistas experientes que passam a vida trabalhando e nunca têm essa chance. A tomada do al-Beyt Beytik foi assim. Entramos no prédio junto com os rebeldes, subindo as escadas, chutando portas, vendo-os rolar pneus queimados dentro dos apartamentos para obrigar os *snipers* a sair. Todos os jornalistas que acompanharam o assalto ao prédio sentiam que o que estávamos vivendo era incrível. Não sinto adrenalina com qualquer coisa, mas aquele momento foi fascinante, algo quase religioso. Foi tão incrível que muitos de nós esqueciam o perigo que estávamos correndo ali, a ponto de Guillermo e Tim às vezes irem na frente dos rebeldes, apesar de estarem desarmados.

Durante o ataque, alguns rebeldes morreram do nosso lado, baleados, e ajudamos a retirar os corpos. Os soldados kadafistas jogavam granadas escada abaixo, na esperança de nos atingir. Como vários pontos do prédio estavam em chamas, temi ficar preso pelo fogo na parte de cima. Tenho duas fotos que mostram Guillermo e Chris tentando descer pela escada em chamas; em uma o espanhol está pulando por cima das labaredas e, na outra, Chris passa pelo meio, quase caindo.

De repente, uma calmaria se apoderou do prédio. "Como é possível que eu ainda esteja vivo?", pensei. Subi até a cobertura com Tim, onde vimos o chão coberto pelos cartuchos dos fuzis dos *snipers* e, não tão longe, as tropas de Kadafi. Eles também podiam nos ver, é claro, e saímos rapidamente dali.

De volta ao térreo, ficamos nos arredores, fotografando os momentos pós-batalha. Sem ter nada melhor para fazer, Guillermo ficava entrando de propósito no enquadramento das minhas fotos, sempre de iPhone na mão, fazendo retratinhos com o Hipstamatic. Aparentemente, não estava conformado com a surra que havia tomado pela manhã. Dei-lhe um chute na bunda tão forte, que o celular caiu no asfalto. Havia uns 50 rebeldes por ali, uma concentração rara na guerra em Misurata. Ao ver a confusão, alguns correram para cima de nós, apontando as armas para mim e para Guillermo, para apartar a briga. O comandante rebelde, que depois da queda de Kadafi tornou-se um grande senhor da guerra, quis me expulsar. Isso acabou não acontecendo.

Os combates haviam cessado, e a calmaria me incomodava. Os militares kadafistas sabiam que o prédio havia sido tomado e que os rebeldes estavam por ali, ao redor. Era a condição ideal para bombardear a redondeza, já que não havia mais nenhum de seus soldados por perto para serem atingidos pelo fogo amigo. Por acompanhar o trabalho no hospital e nas ambulâncias, eu tinha consciência de que o fim da tarde era o momento do dia em que mais chegavam mortos e feridos. Isso porque, após um dia de combate, o exército de Kadafi tinha como prática lançar morteiros nos locais que haviam sido tomados pelos rebeldes, para impedi-los de manter o terreno e obrigá-los a recuar.

Passei por Guy na rua e disse:

– Está ficando perigoso. Vamos embora daqui, senão a gente vai morrer.

– Não, nós estamos bem aqui.

– Então está bom, tchau.

Eu compreendi que Guy e os outros fotógrafos do grupo de Guillermo estavam chateados comigo e não iriam me escutar. Não adiantava insistir.

Voltei para o hospital e fui para o meu quarto. Liguei para Peter Bouckaert, da HRW, em Genebra, pelo Skype, e contei sobre a briga e sobre o quanto eu estava incomodado com toda aquela situação. "Eu vou embora, Peter, porque a partir de agora vai ficar mais fácil para jornalistas entrarem na cidade e vão começar a fazer bobagem", eu disse a ele.

Não passou muito tempo, ouvi um alvoroço na tenda de triagem, que ficava no estacionamento do hospital, e fui ver o que estava acontecendo. Eram Tim, Chris, Mike e Guy, que haviam sido feridos pela explosão de um morteiro na rua Trípoli.

Guillermo era o único que estava em pé.

– Como você está? – perguntei.

Ele chorava.

– Eu falei pra vocês não ficarem lá – completei.

– É verdade – respondeu, sem forças.

Dos quatro, Mike tinha o ferimento mais leve, no braço e no peito.

– Como você está, Mike?

Em choque, ele só repetia:

– Não conte para minha mãe, não conte para minha mãe.

Guy estava calmo, fazendo piada, apesar de estar com a barriga aberta, com parte dos intestinos aparecendo. Seu estado era muito grave. Sua sorte é que os médicos presentes eram bons. Além dos profissionais líbios, havia voluntários italianos e de outros países. O cirurgião vascular era egípcio, e fez um ótimo trabalho estacando a hemorragia interna. Guy teve três paradas cardíacas na mesa de operação e perdeu muito sangue. Eu e várias outras pessoas tivemos de tirar sangue e doar para ele na hora. Os médicos do el-Hekma salvaram a vida de Guy.

Tim e Chris não puderam ser salvos. Tim foi ferido na perna, e ninguém na linha de frente ou que o trouxe na traseira de uma picape soube estancar a hemorragia corretamente. Morreu um pouco depois de chegar ao hospital, apesar dos esforços dos médicos. Chris estava de capacete quando houve a explosão, mas um estilhaço entrou por baixo e arrancou um pedaço da sua cabeça. Um dos médicos me disse que havia também um estilhaço no peito, com hemorragia interna, mas que eles não podiam operar por causa do ferimento na cabeça. De qualquer forma, haviam conseguido reanimá-lo e mantê-lo vivo por mais um tempo com ajuda de aparelhos.

Em meio a todo esse tumulto, houve um episódio ridículo, mesquinho, em que dois jornalistas, que eu não conhecia, começaram a discutir para decidir quem ficaria com as máquinas fotográficas de Tim e de Chris. Eu não podia acreditar no que via. Os médicos italianos da triagem acabaram entregando as máquinas, ainda cheirando a sangue, para mim. Dias depois deixei-as com Mike, que, já melhor, preparava-se para sair da cidade pelo porto. Ele levou o equipamento para as famílias.

Antes disso, porém, tive que me responsabilizar pelo cadáver de Tim. Afinal, tão logo a noite chegou, todos os jornalistas foram embora e me deixaram sozinho lá, com Tim morto e Chris ligado a aparelhos. Um dos médicos me entregou um papel e me disse:

– Precisamos de alguém para assinar o atestado de óbito.

– Tudo bem, eu assino.

– Como ele morreu?

– Não sei. Quer dizer, o fotógrafo espanhol que estava com eles disse que foi com um tiro de RPG.

– Tem certeza?

– Tenho, coloca aí qualquer coisa.

Só depois ficou claro que os jornalistas haviam sido atingidos por um morteiro.

O el-Hekman era, na realidade, uma clínica transformada em hospital de campanha improvisado. Portanto, não tinha necrotério. Em vez disso, os corpos eram colocados em uma sala com vários aparelhos de ar condicionado ligados, antes de serem levados para o cemitério. Como as condições de conservação não eram das melhores, os mortos eram enterrados rapidamente.

Coube a mim decidir o que fazer com o corpo, mas eu sequer sabia para quem Tim e Chris trabalhavam para comunicar o que havia ocorrido e pedir orientação. Divulguei, então, o fato no Facebook, na esperança de ser contatado pelos editores ou familiares: "Notícia triste: Tim Hetherington morreu em Misurata agora, enquanto cobria a linha de frente. Chris Hondros está em estado grave." Em pouco tempo o meu post se espalhou pela rede, e fui contactado por um editor da revista *Vanity Fair*, empregador de Tim, pela namorada de Guy, pela mãe e pelo pai de Mike e pela noiva de Chris. Em seguida, cancelei a mensagem, mas assim mesmo fui posteriormente muito criticado pelo fato de a notícia ter chegado dessa maneira às famílias, pelo Facebook. As pessoas não entendem as circunstâncias que eu enfrentava ali: o único jornalista no hospital, pressionado pelos médicos a tomar decisões rápidas sobre o que fazer com um colega morto e outro inconsciente. Sim, porque a morte de Chris era questão de tempo, e os médicos já discutiam o que fazer com ele, que, sem chance de sobreviver, ocupava um leito em um hospital com alta rotatividade.

Em contato com Peter, da HRW, armamos um esquema para levar o corpo de Tim para o porto, de onde seria evacuado em um navio de refugiados. O problema era o que fazer com o Chris, que ainda era mantido vivo artificialmente. Então apareceu Nicole Tung, uma jovem fotógrafa americana nascida em Hong Kong, querendo ver Tim e Chris. Quando a levei até o cadáver de Tim, ela começou a chorar. Acompanhei-a, então, até o leito de Chris e lhe pedi:

– Fica aqui com o Chris. Quando ele morrer, me avisa.

Nicole ficou furiosa com minha sinceridade, como se eu tivesse que fingir não saber que Chris iria morrer.

Saí com Omar, o motorista de ambulância, para procurar um caminhão frigorífico para levar o corpo de Tim até o porto. Na volta, encontrei os médicos italianos discutindo o que fazer com Chris.

– E agora, o que vai acontecer? – perguntei.

– Ele vai morrer – respondeu um dos médicos.

– Há um barco saindo agora do porto, e temos um caminhão frigorífico no pátio. Se o barco for embora, não teremos como transferir o corpo – eu disse.

Os italianos já haviam tomado a decisão de retirar os aparelhos que sustentavam as funções vitais de Chris. Assisti enquanto eles desligavam os equipamentos. Em seguida, vi como os médicos líbios prepararam o corpo seguindo a tradição islâmica. Sem pressa, com muito respeito, limparam-no, esticaram as pernas, amarraram os pés. Eu, aflito, pensava no barco que estava para partir, mas também fiquei fascinado com o ritual e com a dignidade com que o corpo de Chris estava sendo tratado.

Quando enfim pudemos transportá-lo, com a intenção de levá-lo para o porto, descobri que Nicole já havia partido com o corpo de Tim no caminhão frigorífico. Já era noite, e as forças de Kadafi haviam recomeçado a atacar a cidade com sua artilharia. O barco dos refugiados era um alvo fácil. Tínhamos pouco tempo. O motorista de uma ambulância ofereceu-se para levar o cadáver de Chris. Fui junto, mas na entrada do porto fui barrado em um *check-point* rebelde. Desembarquei, e o motorista seguiu sozinho.

De volta para o hospital, passei a noite em claro, com tudo o que ocorreu durante aquele dia insano fervilhando na minha cabeça. Só consegui pregar os olhos ao meio-dia do dia seguinte.

Quando acordei, tratei de ter notícias de Guillermo, que desaparecera. Ninguém sabia dele. Pensei que tivesse sido preso, mas ninguém tinha informações nesse sentido. "Morreu. O raio do Guillermo morreu, também", pensei. Até que alguém me contou que ele tinha ido embora. Depois, no Facebook, tive a confirmação: ele já estava no Egito... Sequer esperou para saber o que aconteceria com Chris e se Mike e Guy estavam bem.

Lembro aquele 20 de abril de 2011 sem remorsos. Sou uma pessoa que reage com o fígado, e não com a cabeça quando provocada. Guy e os outros fotógrafos não quiseram escutar meu conselho de que era melhor não permanecer na rua Trípoli no fim da tarde, mas é provável que tivessem me ignorado mesmo se eu não houvesse brigado com Guillermo. Esse é o problema quando se está andando em grupo numa guerra. Era fantástico poder documentar uma batalha tão de perto, mas havia um limite. Quando as cenas e os acontecimentos estão se repetindo, as fotos e as histórias são apenas mais do mesmo, significa que o risco já não está valendo a pena. Quando se está em grupo, porém, ninguém tem coragem de falar: "Já chega, vamos embora." Ninguém quer ser o desmancha-prazeres.

Seis dias depois da morte de Tim e Chris, Peter Bouckaert escreveu um artigo no site da revista americana *Foreign Policy* intitulado "The Vulture Club" (O Clube do Abutre). Ali ele faz um resumo dos acontecimentos daquele dia fatídico, do ponto de vista de quem soube de tudo de longe, pelo Skype, e ajudou na coordenação para a evacuação dos corpos, e diz que ele, eu e Tim pertencíamos a um tal Vulture Club: uma rede informal de fotógrafos de guerra, que constantemente trocam informações sobre a melhor maneira de cobrir os conflitos e se ajudam com indicações de motoristas, tradutores, *fixers* e hotéis. Nunca pertenci a nenhum clube com esse nome. Quando Peter por fim criou uma página fechada na internet com esse nome, tratei de ficar de fora.

Quando se vai cobrir uma guerra, é preciso passar despercebido. Na página do Vulture Club, porém, as pessoas se expõem, dizendo para onde vão, com quem e quando. Sabe-se lá quem está do outro lado lendo as mensagens. Esse tipo de comunidade coloca fotógrafos inexperientes em risco, porque dá a eles o caminho das pedras para se jogarem, sem preparo algum, em coberturas de conflitos. Dessa forma, mesmo sem ter contrato com uma agência ou uma publicação, um jovem que sonha em ser correspondente de guerra compra uma passagem aérea, viaja, por exemplo, para a Turquia, cruza a fronteira para a Síria, e acaba sequestrado. Por isso, tenho aversão a essa ideia de irmandade, de panelinha, que paira sobre o jornalismo de guerra.

Tudo o que eu não quero quando vou cobrir uma guerra é, primeiro, dar bandeira de quem eu sou, onde estou e para onde vou, e segundo, que eu seja visto como ameaça pelos combatentes à minha volta. Em Misurata, por exemplo, eu fotografei uma prisão onde os soldados de Kadafi estavam sendo torturados pelos rebeldes. Eu contei sobre isso por Skype para Sidney Kwiram, da Human Rights Watch, e poucas horas depois ela me mandou o rascunho de um *release* que ela pretendia divulgar para a imprensa mundial, denunciando a tortura por parte dos rebeldes.

– Vê se está tudo certo, vamos divulgar – ela falou.

– De jeito nenhum que eu vou falar disso agora – respondi.

Os rebeldes iam saber que a informação viera de mim, e não só eu perderia a confiança deles, como poderiam me punir por isso.

202
Correspondente
de guerra

Posteriormente, na Síria, fui de fato tratado como espião pelos rebeldes por causa de um mal-entendido. Era dezembro de 2011. A guerra na Líbia havia terminado dois meses antes, e eu já tinha feito uma viagem à Síria em junho daquele ano, acompanhando a repórter Antonia Rados, do canal de TV alemão RTL. Da segunda vez, eu deveria ir com Clemens, pela revista *Der Spiegel*, mas ele ficou doente e teve de desistir. Fui assim mesmo. A revista alemã exigiu que eu levasse comigo um *spot*, um aparelho que emitia minha localização via satélite. Dessa forma, meus empregadores podiam saber constantemente onde eu estava.

Entrei na Síria pela Turquia, em uma cidadezinha de fronteira chamada Güveççi. Os meus contatos na Turquia me garantiram que os rebeldes do lado sírio estavam avisados da minha chegada, que estava tudo certo. Mas não estavam. Os combatentes não tinham sido informados sobre mim, e ficaram muito desconfiados. Para complicar a situação, justo no dia da minha chegada, o exército do ditador Bashar al Assad avançou contra as posições rebeldes. Como os militares haviam descoberto sua localização?, surpreenderam-se os rebeldes. Então, um deles disse que eu carregava um aparelho "suspeito". Era o *spot*.

Começaram, então, a me espancar, me acusando de ser um espião de Assad. Soco, tapa na orelha, chute... De início, reagi, instintivamente. Mas vi as armas, e passei a apanhar resignado. Não havia nada a fazer. Depois, me obrigaram a entrar no meu perfil do Facebook e no e-mail, para ver minhas mensagens, mas obviamente não acharam nada incriminador.

Passei a noite numa casa cheia de rebeldes sírios, sofrendo ameaças e apanhando. Ainda estava escuro quando me levaram até um carro, ao mesmo tempo que discutiam muito entre eles.

– Entra, entra.

– O que está acontecendo? – perguntei.

Não obtive resposta, e pensei que estavam me levando para algum lugar ermo para me matar. Fiquei mais tranquilo quando vi que haviam colocado também minha bolsa dentro do carro. "Se fossem me eliminar, não levariam a bolsa junto", pensei. Rodaram por muito tempo comigo dentro do carro e, quando começou a amanhecer, me deixaram perto da fronteira. Cruzei a pé para a Turquia.

Depois desse episódio, passei a questionar minhas escolhas. Eu estava receoso porque vários colegas haviam morrido fazendo as mesmas coisas que eu. Tim, Chris e Anton, entre outros que faleceram na Líbia. Depois, em fevereiro de 2012, a britânica Marie Colvin, com quem eu tinha boa relação, e o fotógrafo francês Rémi Ochlik, ambos vítimas de um bombardeio em Homs, na Síria. Alguns meses depois, meu amigo Jim Foley foi sequestrado pelo Estado Islâmico. Eu estava refletindo mais sobre como o meu mergulho nos conflitos da Primavera Árabe estava prejudicando a minha família. O casamento com Raffaella, a mãe dos meus filhos, estava acabando por causa de tudo o que aconteceu em 2011. De fato, acabamos nos separando. Voltei ao Brasil para fotografar os grandes protestos de junho de 2013, e fiquei para documentar a violência no país para um projeto chamado Revogo, concluído em outubro de 2015.

Muita gente idealiza e enaltece o trabalho dos correspondentes de guerra. O que poucos percebem é que, para isso, provocamos o sofrimento de pessoas queridas. Quando Tim e Chris morreram, a televisão italiana noticiou que eu era uma das vítimas. Nos Estados Unidos, publicaram que eu havia sido ferido. Raffaella ficou em pânico. Imagino o que ela não passou até descobrir que eu estava bem.

204

Correspondente
de guerra

Eu sentia saudade dos meus filhos. Havia barulho de tiros e bombas não muito longe.

Também é um mito que jornalistas são capazes de mudar radicalmente a situação das vítimas das guerras. Se o mundo não tivesse informações fidedignas sobre o que acontece com elas seria muito pior, claro. Constantemente, porém, sentimos frustração por não poder evitar tragédias que se desenrolam diante de nossos olhos.

Certo dia, em Misurata, eu estava brincando com três crianças em um terreno perto do hospital. Eu sentia saudade dos meus filhos. Havia barulho de tiros e bombas não muito longe, mas as crianças não estavam assustadas. Em determinado momento, eu entrei numa das casas do complexo clínico que compunha o al-Hekma. No instante seguinte, um morteiro caiu exatamente no local onde eu havia estado com as crianças. Todas morreram.

Eu devia ter falado para elas entrarem.

A função de um jornalista, em uma guerra, é relatar e documentar o que vê. Mas nem sempre isso parece ser suficiente.

Bibliografia

ADDARIO, Lynsey. *It's What I Do*: a Photographer's Life of Love and War. New York: Penguin Press, 2015.
AZEVEDO, Sílvia Maria. Manuel Benício: um correspondente da guerra de Canudos. *Revista USP*. São Paulo, n. 54, jun./ago. 2002, pp. 82-95.
BATISTA, José Geraldo. O Cronista com a FEB na Itália: entre o factual e o literário. *Darandina Revistaeletrônica*. Anais do Simpósio Internacional Literatura, Crítica, Cultura VI – Disciplina, Cânone: Continuidades & Rupturas, realizado entre 28 e 31 de maio de 2012 pelo PPG Letras: Estudos Literários, na Faculdade de Letras da Universidade Federal de Juiz de Fora.
CARRANCA, Adriana. *O Afeganistão depois do Talibã*. Rio de Janeiro: Civilização Brasileira, 2011.
DÁVILA, Sérgio; VARELLA, Juca. *Diário de Bagdá*: a Guerra do Iraque segundo os bombardeados. São Paulo: DBA, 2003.
ESTRIN, James. Choosing to Look at "War Porn". *The New York Times*. Nova York, 24 nov. 2014.
FOERSTEL, Herbert N. *Killing the Messenger*: Journalists at Risk in Modern Warfare. Wesport: Praeger, 2006.
GARAMBONE, Sidney. *A Primeira Guerra Mundial e a imprensa brasileira*. Rio de Janeiro: Mauad, 2014.
HUFFMAN, Alan. *Here I am*: The Story of Tim Hetherington, War Photographer. New York: Grove Press, 2013.
KNIGHTLEY, Phillip. *The First Casualty*: The War Correspondent as Hero, Propagandist and Myth-maker from the Crimea to Iraq. London: André Deutsch, 2003.
LEWINSKI, Jorge. *The Camera at War*: War Photography from 1848 to the Present Day. New Jersey: Chartwell Books, 1986.

LISOSKY, Joanne M.; HENRICHSEN, Jennifer R. *War on Words*: Who Should Protect Journalists? Santa Barbara: Praeger, 2011.

LUSCOMBE, Belinda. 10 Questions. *Time*, 16 mar. 2015.

MATHESON, Donald; ALLAN, Stuart. *Digital War Reporting*. Cambridge: Polity Press, 2009.

NETTO, Andrei. *O silêncio contra Muamar Kadafi*. São Paulo: Companhia das Letras, 2012.

SEIB, Philip. *Real-Time Diplomacy*: Politics and Power in the Social Media Era. New York: Palgrave Macmillian, 2012.

SONTAG, Susan. *Diante da dor dos outros*. São Paulo: Companhia das Letras, 2003.

_____. *Sobre fotografia*. São Paulo: Companhia das Letras, 2004.

TORAL, André Amaral de. Entre retratos e cadáveres: a fotografia na Guerra do Paraguai. *Revista Brasileira de História*. São Paulo, v. 19, n. 38, 1999, pp. 283-310.

TREZZI, Humberto. *Em terreno minado*. São Paulo: Geração Editorial, 2013.

Os autores

Diogo Schelp, gaúcho de Santa Maria, é editor executivo da *Veja*, responsável pela cobertura internacional da revista. Fez reportagens em quase duas dezenas de países, dedicando-se a temas como o narcotráfico no México, a criminalidade na Venezuela, o genocídio em Darfur, no Sudão, o radicalismo islâmico na Tunísia e o conflito árabe-israelense.

André Liohn, paulista de Botucatu, fotografou guerras e situações de violência em diversos países para *Der Spiegel*, da Alemanha, *Le Monde*, da França, *Time* e *Newsweek*, dos Estados Unidos, *Veja*, do Brasil, entre outras publicações. Em 2012, tornou-se o primeiro fotojornalista latino-americano a receber o prêmio Robert Capa Gold Medal pelo Overseas Press Club, por sua cobertura da guerra civil na Líbia.

Marcas de guerra

Haiti

O caos na capital do Haiti, Porto Príncipe, dias após a destruição causada pelo terremoto.
29/01/2010

Haiti

Saqueadores disputam os
espólios a pedradas nas
ruas de Porto Príncipe.
28/01/2010

Sentindo fortes dores depois de cair das ruínas de uma casa, onde procurava objetos ou alimentos para saquear, um jovem haitiano tenta se esconder da polícia. 30/01/2010

Haiti

Haiti

Um segurança privado prende vários saqueadores depois de matar dois deles na minha frente em uma loja de eletrodomésticos no bairro de Bel Air, em Porto Príncipe. 29/01/2010

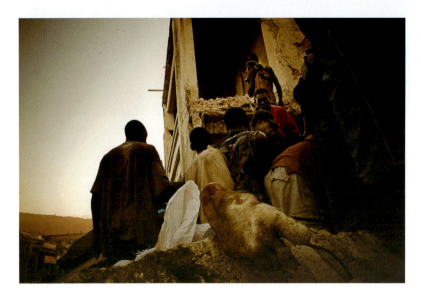

Saqueadores haitianos vasculham casas arruinadas em busca de comida e outros bens, indiferentes ao fato de que estavam destroçando o cadáver de uma pessoa vítima do terremoto. 28/01/2010

Jovem haitiano preso entre os escombros de uma casa destruída pelo terremoto. Ele caiu num vão ao procurar por produtos para saquear. Conseguimos tirá-lo de lá depois de uma hora. 30/01/2010

Haiti

Egito

Homem ferido em confrontos no Cairo, durante manifestações da Primavera Árabe pela queda do ditador Hosni Mubarak.
03/02/2011

Uma manifestante ferida
é atendida
em uma mesquita na
Praça Tahrir, no Cairo.
As mulheres participaram
intensamente dos
protestos e das brigas
contra apoiadores
de Mubarak.
02/02/2011

Egito

Líbia

Rebeldes preparam-se para invadir uma casa ocupada por soldados do ditador Muamar Kadafi no centro de Misurata, durante a guerra civil na Líbia.
24/04/2011

Líbia

Hamid Shwaili, um rebelde líbio, cai ao ser atingido pelo estilhaço de um disparo feito com artilharia pesada pelos seus companheiros contra o muro da casa onde estavam escondidos os soldados kadafistas. Hamid perdeu muito sangue e morreu rapidamente.
24/04/2011

Líbia

Rebeldes líbios carregam colega mortalmente ferido durante o ataque final a Sirte, cidade de Kadafi.
10/10/2011

Rebeldes líbios cobrem, com um cobertor, um soldado kadafista ferido, já sabendo que ele iria morrer em seguida, durante a batalha por Sirte. 11/10/2011

Líbia

Líbia

Soldados do governo esperam para receber atendimento do único médico disponível para as dezenas de prisioneiros feitos pelos rebeldes em Misurata. Depois de curados, era comum que os soldados kadafistas fossem submetidos à tortura para revelar informações de valor militar.
24/04/2011

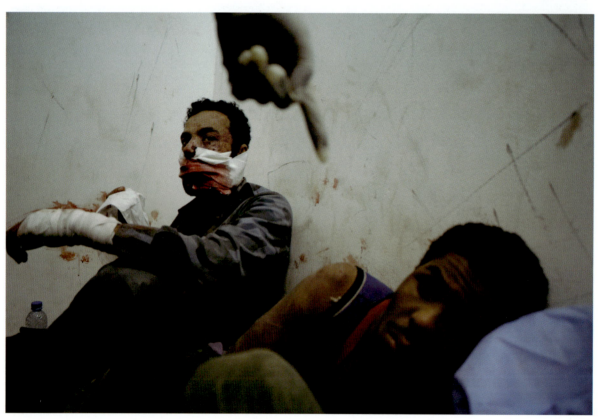

Líbia

Um combatente líbio
ferido chega a um
hospital de Ras Lanuf.
06/03/2011

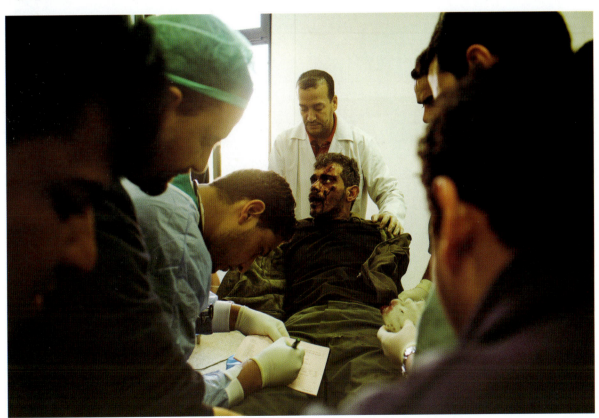

Rebeldes líbios buscam proteção em uma garagem durante combate contra tropas do governo em Misurata. 24/04/2011

Líbia

Rebeldes atiram contra soldados de Kadafi na rua Trípoli, em Misurata, no mesmo dia e próximo ao local em que os fotógrafos Tim Hetherington e Chris Hondros seriam mortos por um morteiro.
20/04/2011

Líbia

Rebeldes sobem as escadas para matar os últimos franco-atiradores das forças de Kadafi escondidos no prédio al-Beyt Beytik, na rua Trípoli, em Misurata. 20/04/2011

Líbia

Rebeldes observam as
posições do inimigo
através de um buraco na
parede, durante combate
em Misurata.
24/04/2011

Líbia

Líbia

Um *technical*, veículo civil com artilharia adaptada na caçamba, em ação durante batalha em um bairro residencial de Sirte.
05/10/2011

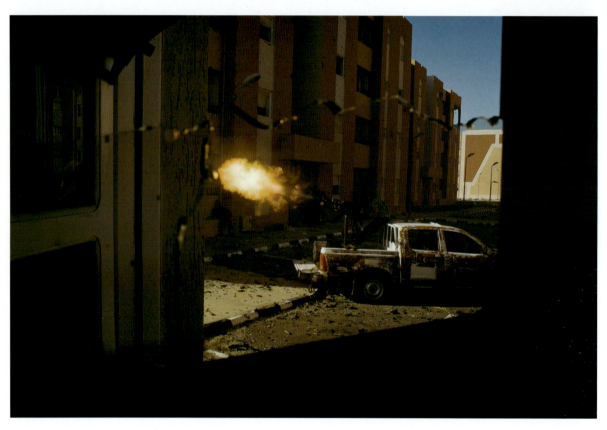

Omar Guti, de 19 anos,
motorista de ambulância
voluntário, resgata
rebeldes feridos na linha
de frente em Misurata.
19/04/2011

Líbia

Líbia

Toufik, um médico que lutava com os rebeldes, socorre Tameem, também médico, que levou um tiro no joelho durante combate em Sirte.
12/10/2011

Líbia

Líbios choram a morte de um amigo morto na linha de frente durante batalha contra as forças de Kadafi em Misurata.
18/04/2011

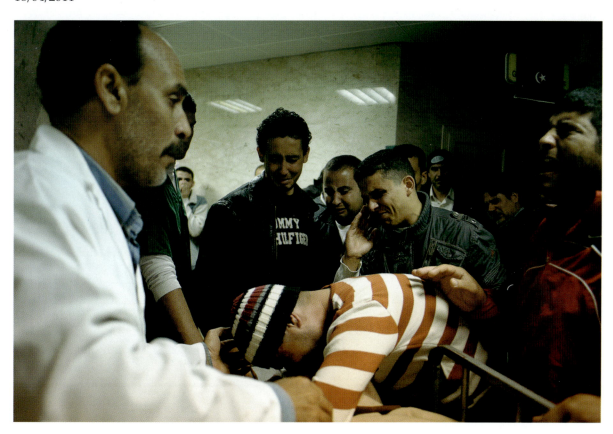

Em uma clínica de Misurata transformada em hospital de campanha, médico socorre uma criança ferida em bombardeio das forças de Kadafi.
13/04/2011

Líbia

Médicos tentam reanimar Rewas Alisalim, uma menina de 1 ano e meio de idade, em Misurata. Ela e seu pai estavam em um carro que foi atingido pelo disparo de um tanque de guerra.
Ambos morreram.
13/04/2011

Líbia

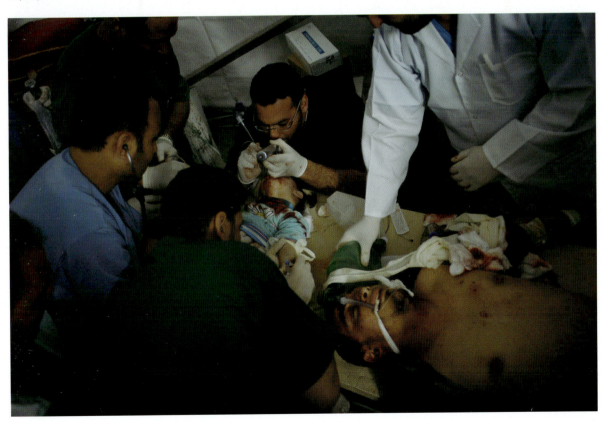

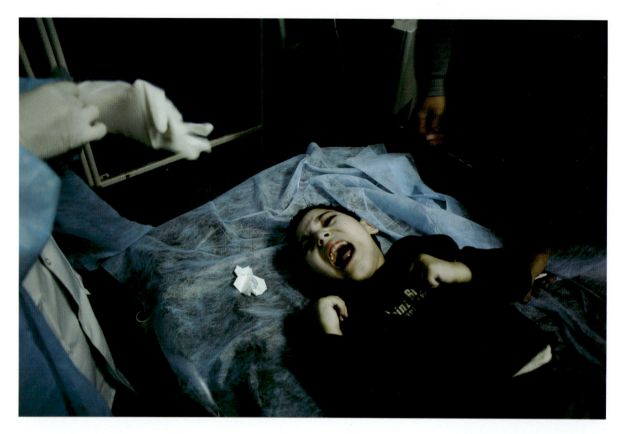

Motasin Mohamud Suaid, de 8 anos, foi ferido no pé por estilhaços de uma bomba disparada pelas forças de Kadafi. Ele chegou ao hospital em Misurata com um tio e um primo de 9 anos, todos feridos.

Líbia
17/04/2011

Rebelde ferido na base militar de Bab al-Azizya, nos arredores de Trípoli, conquistada depois de seis meses de combates. 23/08/2011

Líbia

Líbia

Uma ambulância prepara-se para levar o cadáver de um rebelde do hospital em Ras Lanuf para Bengasi no início da guerra, quando a população ainda se espantava em ver mortos em combate.
08/03/2011

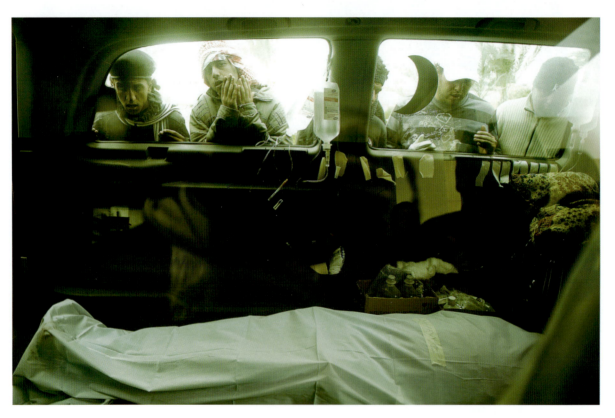

Líbia

Um médico chora a morte de seus amigos (um médico, um motorista e duas enfermeiras) à beira da estrada entre as cidades de Ajdabia e Brega. A ambulância em que eles viajavam estava com as luzes de emergência apagadas e foi bombardeada por caças da Otan, provavelmente por terem sido confundidos com um veículo das forças de Kadafi.
01/04/2011

Galpão com 53 corpos carbonizados de prisioneiros mantidos pela brigada comandada por Khamis Kadafi, filho do ditador líbio.
27/08/2011

Líbia

Somália

Criança com sarampo no campo de refugiados de Badbaado, em Mogadishu.
10/08/2011

Somália

Um menino que foi levado ao hospital Medina, em Mogadishu, por causa de um machucado comum desespera-se ao ver um homem com a perna destroçada por um tiro. 22/11/2010

Para um estrangeiro em
Mogadishu, só é possível
circular com escolta armada.
05/11/2011

Somália

GRÁFICA PAYM
Tel. [11] 4392-3344
paym@graficapaym.com.br